Сказки северной части Алтая

북알타이인 이야기

<지식을만드는지식 소설선집>은
인류의 유산으로 남을 만한 작품만을 선정합니다.
오랜 시간 그 작품을 연구한 전문가가
정확한 번역, 전문적인 해설, 풍부한 작가 소개, 친절한 주석을 제공하는
고급 소설 선집입니다.

지식을만드는지식 소설선집

시베리아 설화집

Сказки северной части Алтая

북알타이인 이야기

작자 미상

이경희 옮김

대한민국, 서울, 지식을만드는지식, 2019

편집자 일러두기

- 이 책은 ≪Языки коренных народов Сибири≫(Институт филологи СО РАН, 2003), ≪Чалканские сказки≫(Юч-Сюмер-Белуха, 2005), ≪Диалект лебединских татар-чалканцев(куу-кижи)≫(Наука, 1985), ≪Сборник музея антропологии и этнографии. т. 11≫(Издательство АН СССР, 1949), ≪Алтайский фольклор≫(Наука, 1995), ≪Легенды и мифы седого Алтая≫(Горно-Алтайская республиканская типография, 2008), ≪Диалект кумандинцев≫(Наука, 1972), ≪Диалект черневых татар(Туба-кижи)≫(Наука, 1965)을 원전으로 삼아 옮긴이가 가려 뽑아 번역했습니다.
- 주석은 모두 옮긴이가 단 것입니다.
- 외래어 표기는 현행 한글어문규정의 외래어표기법을 따랐습니다.

차 례

첼칸 설화

쿠만딘 설화

투발라르 설화

첼칸 설화

황금 도끼

옛날에 형과 동생이 살았다. 형제의 아버지에게는 가축도 있었고 재산도 어느 정도 있었다. 아버지는 임종을 앞두고 두 아들에게 말했다.

"내가 죽더라도 부디 사이좋게 살아야 한다. 나중에 너희가 결혼하게 되면 가축을 나누어 갖도록 해라."

아버지가 죽고 난 후 형은 결혼을 했고 동생과 함께 가축을 키웠다. 동생도 결혼했다. 형에게는 아이가 없었고 동생에게는 아이들이 많았다. 형의 아내는 매일 남편에게 다그쳤다.

"서방님은 아이들이 많아서 재산을 나누면 다 가져가게 될 거예요."

형은 동생에게 말 한 필과 소 한 마리만 주고 더 이상 아무것도 주지 않았다. 기근이 닥쳐 동생은 형에게 가서 말을 좀 더 달라고 부탁했으나 형은 동생에게 소리만 질렀다.

어느 날 동생은 도끼를 들고 나무를 하러 갔다. 강을 건너야만 했다. 동생은 통나무를 강에 던진 다음 그것을 밟고 건너고 있었다. 그때 통나무가 흔들려 동생은 도끼를 그만 물에 빠뜨렸다. 동생은 도끼를 빠뜨린 후 울기 시작했다.

"이게 내 유일한 도끼인데 이제 어떻게 나무를 베어 아이들을 먹여 살린단 말인가?"

그때 갑자기 강물이 심하게 일렁이더니 물속에서 누군가 나왔다. 강의 주인이었다. 그는 동생을 바라보더니 물었다.

"왜 우니? 무슨 일이니?"

"어떻게 울지 않을 수 있겠어요? 제 유일한 도끼를 빠뜨렸어요."

강의 주인은 물로 들어갔다. 얼마 후 그는 은도끼를 들고 나왔다.

"이게 네 도끼니?"

동생이 보니 그것은 은도끼였다.

"아니에요, 아니에요. 제 도끼는 은도끼가 아니라 쇠도끼예요. 제 도끼를 돌려주세요."

강의 주인은 다시 물로 들어갔다. 그리고 금도끼를 들고 나왔다.

"이게 네 도끼인 것 같구나. 받아라."

"이건 제 도끼가 아니에요. 제 도끼는 쇠도끼라니까요. 제 도끼를 주세요."

강의 주인은 다시 물로 들어갔다. 얼마 후 그는 쇠도끼를 들고 나왔다.

"이게 바로 제 도끼예요. 제 도끼는 쇠도끼예요. 제 도끼를 주세요. 다른 도끼는 필요 없어요."

강의 주인이 말했다.

"너는 아주 올바른 생각을 지니고 있구나. 네게 쇠도끼 외에 은도끼와 금도끼도 선물로 주마."

강의 주인은 그렇게 말한 후 도끼들을 동생에게 주고 다시 물속으로 들어갔다. 동생은 그 도끼들로 나무를 베어 일찍 집으로 돌아왔다. 동생은 집에 와서 형에게 말했다.

"오늘 이런 일이 있어서 은도끼와 금도끼를 얻었어."

형은 다음 날 아침 일찍 일어나 나무를 하러 갔다. 강을 건너다 일부러 도끼를 물에 던졌다. 형은 도끼를 물에 던지고 울기 시작했다.

"내 유일한 도끼를 빠뜨렸으니 이제 어떻게 나무를 자른담?"

그때 갑자기 강물이 일렁이더니 강의 주인이 나타났다.

"무슨 일이니? 왜 우니?"

"어떻게 울지 않을 수 있겠어요? 하나밖에 없는 도끼를 물에 빠뜨렸어요."

강의 주인은 다시 물로 들어갔다. 잠시 후 그는 은도끼를 가지고 나왔다.

"이게 네 도끼니?"

형은 은도끼를 보고 말했다.

"제 도끼예요. 제 거예요. 제 거예요."

강의 주인은 재빨리 물로 들어가서 금도끼를 가지고 나왔다.

"이것도 네 도끼니?"

"제 거예요. 주세요. 달라니까요!"

강의 주인은 형을 오랫동안 바라보다가 말했다.

"아니야, 너는 가축과 재산을 많이 가지고 있는데도 또 욕심을 부리고 나쁜 생각을 하고 있구나. 너는 좋은 것을 보면 무조건 가지려고 하고 남의 것을 억지로 빼앗으려고 하는구나. 너같이 사악한 생각을 품은 인간을 도울 수 없어."

강의 주인은 그렇게 말한 후 다시 물속으로 들어갔다. 형은 계속 앉아 있다가 더 이상 아무것도 기대할 수 없게 되자 빈손으로 집에 돌아왔다. 그는 아무 말도 하지 않고 방에 들어와서 조용히 침대에 누웠다.

키셀레크와 파를라나크

옛날 옛적에 세 형제가 살았다. 그들에게는 부모님이 계시지 않았고 외삼촌이 있었는데 이름이 파를라나크였다. 파를라나크는 아주 꾀가 많은 도둑이었다. 그는 자신의 꾀로 먹고살았다. 하루는 파를라나크가 조카들에게 와서 말했다.

"이제 너희는 어떻게 살 거니? 누가 너희를 먹여 준단 말이니? 큰조카야, 나와 함께 가자꾸나. 알타이를 돌아다니자. 거기서 얻는 것을 나누어 갖자. 그러면 네 두 동생을 먹여 살릴 수 있을 거야. 가자."

큰조카는 생각하고 또 생각한 후 마침내 외삼촌의 말을 따르기로 했다. 파를라나크와 큰조카는 여기저기를 돌아다니다가 한 초원에 도착했다. 아주 아름답고 평평한 초원이었다. 초원을 본 큰조카는 감탄했다.

"아! 아주 좋은 초원이에요. 이 초원에 씨를 뿌리면 수확이 많이 나올 거예요."

그 말을 들은 파를라나크가 말했다.

"너는 좋은 동료가 될 수 없을 것 같구나. 농사를 지을 생각을 하는 너 같은 애가 어떻게 도둑질을 한단 말이니? 빨리 집으로 돌아가!"

파를라나크는 큰조카를 심하게 꾸짖은 후 집으로 돌려보냈다. 큰조카는 어쩔 수 없이 집으로 돌아왔다.

파를라나크는 이번에는 둘째 조카에게 같이 가자고 설득했다. 두 사람은 오랫동안 걸었다. 두 사람은 넓은 초원까지 오게 되었고 물살이 센 강을 건넜다. 그들은 아주 울창한 타이가 숲까지 오게 되었다. 숲에는 아주 크고 엄청나게 높고 쭉 뻗은 나무들이 많았다. 둘째는 그 나무들을 보자 크게 감탄했다.

"이 나무들로 집을 지으면 좋을 텐데!"

"하! 우리는 도둑질을 하려고 여기까지 왔는데 너는 집을 지을 궁리만 하는구나. 너는 도둑질에 어울리지 않아."

파를라나크는 이번에도 둘째 조카를 심하게 꾸짖고 집으로 돌려보냈다.

파를라나크는 막내 조카 키셀레크를 데리고 길을 떠났다. 키셀레크와 파를라나크는 오랫동안 많은 곳을 돌아다녔다. 그러다 한 바위까지 오게 되었다. 바위 기슭에 아주 크고 깊은 동굴이 하나 있었다. 키셀레크가 말했다.

"도둑질을 하고 이 바위에 숨기면 아무도 찾지 못할 거예요!"

그 말을 들은 파를라나크는 아주 기뻐했다.

"그래. 내겐 바로 너 같은 아이가 필요해. 너는 내게 아주 잘 맞는 동료야. 같이 가자꾸나."

앞으로 걸어가던 파를라나크가 자랑했다.

"저 나무 꼭대기에 있는 까마귀 둥지 보이지? 내가 저 나무로 기어 올라가서 알을 훔쳐 올게. 까마귀는 내가 자기 둥지에 다가가는 걸 전혀 눈치채지 못할 거야."

"과연 그렇게 될까요? 까마귀가 둥지에서 알을 꺼내 가는 것을 모를까요? 아무리 삼촌이 잽싸도 그렇게는 할 수 없을 거예요!"

파를라나크는 자신의 민첩함을 보여 주기 위해서 나무에 기어 올라갔다. 키셀레크도 파를라나크의 뒤를 따라 나무로 기어 올라갔다. 키셀레크는 삼촌 바로 밑에서 삼촌이 신고 있던 신발의 굽을 떼어 낸 다음 아래로 내려왔다. 파를라나크는 나무에서 내려와 미소를 지으며 주머니에서 까마귀 알을 꺼내 키셀레크에게 보여 주었다. 그런데 알고 보니 키셀레크가 밑에서 자신이 신고 있던 신발 굽을 떼어 가지고 있는 것이 아닌가! 파를라나크는 자신의 신발을 바라보았고 굽이 없어진 것을 알았다. 파를라나크는 조카를 칭찬할 수밖에 없었다.

"그래. 바로 그거야. 도둑이라면 그렇게 해야지. 네가 내 신발 굽을 빼 가는 것을 나는 전혀 눈치채지 못했어. 너는 나보다 더 민첩하구나!"

키셀레크와 파를라나크는 계속해서 앞으로 걸어갔다. 그들은 말 위에 앉아 채찍으로 황소를 몰고 가는 한 부자를 만났다. 그것을 본 키셀레크는 가만히 있지 못하고 삼촌에게 말했다.

"저 부자가 끌고 가는 황소를 훔칠까요?"

파를라나크가 만류했다.

"오, 맙소사! 그렇게 하면 안 돼. 안 돼. 사람이 끌고 가는 소를 어떻게 훔친단 말이니? 그런 짓을 하면 안 돼."

그러나 삼촌은 키셀레크를 말릴 수 없었다. 키셀레크는 부자의 뒤를 따라갔다. 키셀레크는 부자가 산기슭을 돌자 부자에게 다가갔다. 그리고 한쪽 신발을 벗어서 길옆에 던졌다. 그런 다음 조금 더 앞으로 가서 나머지 신발을 던져 놓고 나무 뒤로 가서 숨었다. 그리고 부자의 동태를 살폈다. 부자는 말을 타고 가다가 길에 신발 한 짝이 놓여 있는 것을 보고 말에서 내렸다. 부자는 신발을 들어 이리저리 살피며 어떻게 할까 고민하다 신발을 던져 버렸다. 그리고 다시 말을 타고 가던 길을 계속 갔다. 또 신발 한 짝이 놓여 있었다. 부자는 말에서 내려 신발 한 짝을 집어 살펴보았다. 아주 멋진 신발이었다. 알고 보니 조금 전에 본 것의 다른 쪽 신발이었다. 부자는 몰고 가던 황소를 묶어 놓고 조금 전에 보았던 신발 한 짝을 주우러 급히 되돌아갔다. 키셀레크는 재빨리 황소가 묶여 있는 곳으로 다가가서 줄을 풀어 황소를 끌고 산을 넘어갔다. 처음에 신발을 보았던 곳으로 돌아온 부자는 신발 두 짝을 맞춰 보았다. 꼭 맞았다. 욕심 많은 부자는 좋은 신발을 발견한 것이 너무 기뻤다. 부자는 말을 타고 황소를 묶어 놓은 곳으로 왔으나 황소는 사라지고 없었다. 부자는 놀랐다.

"줄을 풀고 여기 어딘가를 돌아다니나? 저기로 갔나? 저기에도 없고. 여기로 갔나? 아니, 여기에도 없네. 도대체 어디를 간 거지? 귀신이 곡할 노릇이네."

부자는 자신의 황소를 찾아 주변을 모두 돌아다녔지만 어디서도 황소를 찾지 못했다.

키셀레크는 맨발로 황소를 몰고 파를라나크가 있는 곳으로 왔다. 파를라나크는 키셀레크가 황소를 몰고 오는 모습을 보고는 크게 놀라고 감탄했다. 키셀레크는 으스대기 시작했다.

"내가 진짜로 마음만 먹으면 부자에게 있는 내 신발을 도로 훔쳐 올 수도 있어요."

"어떻게 부자의 수중에 있는 신발을 도로 훔쳐 올 수 있단 말이니? 신발을 도로 가져오려면 부자를 죽여야만 할 거야. 달리 방법이 있을 수 있겠니? 어떻게 다른 사람이 신고 있는 신발을 벗겨 올 수 있단 말이니!"

키셀레크는 황소의 가죽을 통째로 벗겨 냈다. 가죽을 끌고 가서 그 안에 건초를 가득 넣은 후 호수 중간에 끈으로 묶어 놓았다. 그리고 숨어서 지켜보기 시작했다. 부자는 황소를 찾아 헤매느라고 아주 피곤했다. 힘이 하나도 없었다. 호숫가에 도착했다. 호수 중간에 황소 한 마리가 멋지게 서 있는 것이 보였다. 부자는 황소를 보자마자 말에서 뛰어내렸다. 서둘러 입고 있던 옷을 모두 벗어 던지고 눈 깜짝할 새 황급히 물로 뛰어 들어갔다. 한시라도 빨리 소가 있는 곳으로 가서 소를 풀어 주고 싶었다. 그러나 거기에는 황소 가죽만이 떠다닐 뿐이었다.

부자가 호수에서 자신의 황소인지 아닌지를 살피는 동안 키셀레크는 그 부자가 벗어 놓은 옷을 가져왔다. 부자는 소가 죽었다는 사실에 슬퍼하고 애통해하며 물에서 나왔다. 그런데 자신의 셔츠와 바지와 신발이 사라지고 없었다. 옷이 몽땅 사라져 버렸다.

"에이, 또 이 망할 도둑이 나를 속였구나!"

부자는 맨발로 아무것도 걸치지 않은 채 서서 여기저기를 바라볼 뿐이었다.

키셀레크는 평생 한 번도 입어 보지 못했던 부자의 옷을 입고 파를라나크 삼촌에게 왔다. 삼촌에게 신발을 보여 주었다. 파를라나크는 솥을 구해 와서 소를 잡아 삶는 중이었다. 솥에는 잡은 소의 고기가 잔뜩 들어 있었다. 거품이 넘치고 기름이 끓고 있었다. 그것을 본 키셀레크가 말했다.

"내가 마음만 먹으면 삼촌이 이 고기를 한 점도 먹지 못하게 할 수도 있어요."

"어떻게?"

"글쎄요? 두고 보세요."

"난 조금이라도 먹을 거야."

솥에서 고기가 삶아지는 동안 거품이 흘러넘쳤고 장작이 다 떨어졌다.

"이제 삼촌이 장작을 구해 오세요. 제가 황소를 데려왔으니!"

파를라나크는 자리에서 일어나 장작을 구하러 갔다. 파를라나크가 여기저기서 장작을 모아 등에 메고 돌아오는데 조카의 다급한 목소리가 들렸다.

"아이고, 아이고! 제발 저를 때리지 마세요. 제가 그런 게 아니에요. 제가 훔치지 않았어요. 파를라나크 삼촌이 훔쳤어요. 장작을 구하러 갔으니 곧 이리로 올 거예요. 제가 아니에요! 아야, 아야! 제발 때리지 마세요!"

파를라나크는 조카의 신음 소리와 비명 소리를 듣고는 황소 주인이 나타났다고 생각했다.

'필시 우리는 감옥에 가게 될 거야. 달아나야만 해!'

파를라나크는 주워 온 장작을 가만히 땅에 내려놓고 뒤도 돌아보지 않고 급히 달아났다.

사나흘 후 파를라나크는 키셀레크를 보기 위해 다시 그곳으로 갔다. 그곳에는 고기가 하나도 남아 있지 않았다. 여기저기 뼈만 나뒹굴었다. 키셀레크는 다리를 쭉 뻗고 누워서 잠을 자고 있었다. 누워서 배를 쓰다듬고 있었다. 파를라나크는 순간 키셀레크가 자기를 속였다는 것을 깨달았다. 그는 침을 뱉고는 눈길 가는 대로 정처 없이 떠났다. 키셀레크는 황급히 파를라나크를 뒤쫓았다. 얼마쯤 가니 교회가 하나 보였다. 안으로 들어가 보았다. 많은 사람이 예배를 드리고 있었다. 교회에 들어오는 사람들은 모두 구석에 돈을 놓았다. 그것을 본 키셀레크는 밖으로 나가 장화에 타르를 묻혀 다시 교회로 들어왔다. 장화를 신은 발로 돈 위를 걸으니 돈이 신발 바닥에 들러붙었다. 그는 다시 밖으로 나왔다. 돈이 신발 바닥에 가득 붙어 있었다. 그런 방법으로 키셀레크는 아주 많은 돈을 교회에서 훔쳐 왔다. 한 남자가 키셀레크가 하는 짓을 보고 그를 붙잡았다. 키셀레크에게 교회에서 돈을 훔치는 것은 아주 나쁜 행동이라고 말했고 사람들에게 키셀레크를 죽이라고 명령했다. 파를라나크는 어찌할 바를 몰랐고 몸이 완전히 굳었다. 영문을 알 수 없었다. 키셀레크를 죽이라고 명을 받은 남자들이 물었다.

"어떻게 죽고 싶으냐?"

"숲에서 마른 나무를 주워 와서 그것으로 저를 태우세요. 반드시 나무를 주워 와 태우세요. 다른 방법으로는 죽기 싫어요."

키셀레크는 묶인 채 그렇게 말했다.

남자들은 키셀레크를 나무에 묶은 후 마른 나무를 가지러 갔다. 나무에 묶인 키셀레크의 눈에 아주 옷을 잘 차려입은 한 남자가 걸어오는 것이 보였다. 그는 외눈박이였다. 그를 본 키셀레크는 한쪽 눈을 세게 찡그렸다. 남자가 물었다.

"여기서 뭐 하니?"

"눈을 치료하는 중이에요."

"그렇게 하면 낫는 거야?"

"조금씩 낫는 것이 느껴져요."

"어떻게 하면 그렇게 낫는 거야?"

"제 한쪽 눈이 먼 지 3년이 지났어요. 1년만 되었어도 더 빨리 고칠 수 있었을 텐데."

"나는 눈이 아프기 시작한 지 1년 됐어. 그러니까 나는 완쾌될 수 있겠네. 키셀레크, 네 자리를 내게 넘겨."

남자는 키셀레크에게 사정을 했다.

"정 그러시다면 저를 풀어 주세요. 저 대신 여기 계시면 눈을 고칠 수 있을 거예요."

키셀레크는 남자를 속였다. 남자는 키셀레크를 풀어 주고 대신 자기가 그 자리에 앉았다. 심지어 키셀레크와 옷까지 바꾸어 입었다. 키셀레크는 자기 대신 남자를 묶은 후 남자의 말을 타고 잘 치료하라고 말한 후 유유히 사라졌다.

키셀레크는 가면서 남자에게 소리쳤다.

"곧 남자들 일곱 명이 당신을 불에 태우려고 올 거예요. 세게 저항하지 마세요. 그렇게 치료하면 더 빨리 낫는다고 하더라고요. 당신이 팔려고 싣고 가던 물건은 제가 가져가서 팔게요. 남은 이익은 나중에 나누어 드릴게요."

조금 후 남자들 일곱 명이 왔다. 그들은 마른 나무에 불을 붙이려고 했다. 남자는 소리소리 지르며 애원했다.

"맙소사, 불을 붙이지 마세요. 나는 키셀레크가 아니에요!"

그들은 남자의 말을 듣지 않았고 자신들은 키셀레크를 죽이라고 고용된 사람들일 뿐이라고 말하고 나무에 불을 붙였다. 남자는 비명을 지르다 죽었다.

조금 후 키셀레크는 남자들을 만나러 왔다. 키셀레크가 우쭐대며 말했다.

"저를 불에 태워 줘서 고마워요. 덕분에 저는 아주 부자가 되었어요."

"어떻게?"

"절대 아무에게도 말하면 안 돼요. 저승에 갔더니 사람들의 조상님들이 저를 기다리고 있더라고요. 제게 부모님을 만나게 해 주셨어요. 당신들도 기다리고 있어요!"

키셀레크는 또 거짓말을 했다.

남자들이 말했다.

"빨리 우리를 묶어. 그리고 불에 태워!"

"어떻게 저 혼자 당신들 일곱을 태울 수 있겠어요? 나무를 패서 제게 가져다주세요. 그리고 각자 서로를 묶으세요. 마지막 한 사람은 제가 묶을게요."

키셀레크는 미소도 짓지 않은 채 그렇게 말했다. 남자들은 숲으로 급히 뛰어가서 나무를 패서 키셀레크에게 가져왔다. 키셀레크는 일곱 남자를 불에 태웠다. 그들은 비명을 질렀다. 키셀레크가 말했다.

"처음에는 고통스럽겠지만 조금 지나면 고통이 사라지고 또 조금 지나면 훨씬 좋아질 거예요!"

일곱 명의 남자를 죽인 키셀레크는 말을 타고 집으로 돌아왔다. 파를라나크는 키셀레크의 집에서 살고 있었다. 파를라나크는 키셀레크를 칭찬했다.

"나도 도둑이지만 도둑이 되려면 키셀레크 정도는 돼야 해!"

키셀레크가 시인하며 말했다.

"나는 부자들만 속이지 가난한 사람은 절대 속이지 않아요."

이야기는 이렇게 끝난다.

탁 툭 지팡이

아주 오래전 일이다. 아주 먼 옛날 사람들도 없고 나무들도 자라지 않던 시절이었다. 광활한 계곡의 작은 집에 할아버지와 할머니가 살고 있었다. 할아버지와 할머니 집에는 거위 두 마리를 제외하곤 아무것도 없었다.

어느 날 아침 할머니가 거위에게 먹이를 주려고 가 봤더니 수컷 거위가 없었다. 할머니는 재빨리 집으로 가서 할아버지에게 말했다. 다음 날 할아버지는 도둑을 잡기 위해 나무 덤불 뒤에 숨어서 기다렸다. 도둑이 할아버지 집에 와서 암컷 거위를 훔쳐 가려는 찰나 할아버지가 도둑의 팔을 붙잡았다. 도둑이 할아버지에게 애원했다.

"아이고, 할아버지. 제발 저를 놓아주세요. 그러면 평생 그 은혜를 잊지 않을게요."

"안 돼, 내게 있는 유일한 거위를 훔치는 양심도 없는 인간에게 무엇을 기대하겠어?"

할아버지는 도둑을 놓아주지 않았다.

"내 거위 한 마리를 가져가서 다 먹어치우고는 나머지 거위를 마저 훔쳐 가려고 왔지? 훔쳐 간 내 거위를 돌려주지 않으면 너를 놓아주지 않을 거야!"

"좋아요. 정 그러시다면 저와 함께 가세요. 제가 어디에 사는지 알려 드릴 테니."

할아버지는 도둑과 함께 출발했다. 그들은 오랫동안 걸었다. 두 사람은 숲에 있는 오두막집에 도착했다. 도둑은 할아버지에게 말 한 필을 주었다.

"할아버지, 여기에서 나가서 집으로 가는 동안에 아무 데도 들르지 말고 집에 바로 가세요. 집에 도착하기 전까지 누구와도 대화하지 마세요. 말에게도 말하지 마세요. 제 말을 명심하세요!"

할아버지는 도둑이 하는 말이 아주 이상했다. 할아버지는 말을 타고 집으로 출발했다. 집으로 가는 길에 아이들이 활을 쏘며 깔깔거리고 놀고 있었다. 할아버지는 어떤 집에서 누군가 아주 크게 대화하는 소리를 듣고는 도둑의 말을 까맣게 잊고 대화를 들으려고 그 집으로 들어가려고 했다.

"얘들아. 내가 말을 여기에 묶어 놓을 테니 건드리지 말거라."

할아버지는 아이들에게 그렇게 말한 후 집에 들어가 사람들과 이야기를 하고 담배를 피운 후 밖으로 나왔다. 밖으로 나와 보니 아이들도 말도 사라지고 없었다. 할아버지의 온몸은 땀으로 범벅이 되었다. 여기저기를 찾아보았지만 말은 보이지 않았다. 주변을 샅샅이 다 찾아보았으나 말은 어디에도 없었다. 혹시라도 말이 도둑의 집으로 돌아갔나 싶어서 할아버지는 다시 도둑의 집으로 갔다. 할아버지는 도둑에게 그동안 있었던 일을 말했다.

"길을 가다 누구하고도 이야기하면 안 된다고 제가 말했잖아요. 누구하고도 아무것도 말하지 말라고 했는데 왜 제 말을 듣지 않으셨어요?"

도둑은 화를 냈다.

"좋아요. 이번에는 소를 줄 테니 누구에게도 들르지 말고 누구하고도 말하지 마세요!"

할아버지는 너무 기뻐서 도둑에게 인사하는 것도 잊고 소를 끌고 집으로 출발했다. 할아버지는 길을 걷고 또 걷다가 전에 그 아이들이 있던 곳에 다다랐다. 아이들은 숨바꼭질 놀이를 하고 있었고 그 집에서는 또 사람들이 아주 큰 소리로 웃고 떠들고 있었다.

"애들아, 이 소를 건드리지 말거라. 젖을 짜면 안 돼."

할아버지는 아이들에게 그렇게 명령하고 사람들과 이야기를 하러 그 집으로 들어갔다. 할아버지는 집에 들어가서 좀 앉아 있다가 밖으로 나왔다. 아이들과 소가 사라지고 없었다. 할아버지는 주변을 샅샅이 뒤지고 여기저기를 다 둘러보았으나 소를 찾을 수 없었다. 어쩔 수 없이 할아버지는 다시 도둑에게 갔다. 할아버지가 도둑에게 자초지종을 이야기하자 도둑은 전보다 더 할아버지를 나무랐다.

"이제 어떻게 하실 거예요!"

도둑은 할아버지에게 나무 지팡이를 하나 던졌다.

"이 지팡이를 가져가세요. 아무 데도 들르지 말고 누구하고도 이야기하지 마세요! 이 지팡이를 '탁 툭 지팡이'라고 부르지 마세요. 이 지팡이를 집에 가지고 가면 긴히 쓸모가 있을 거예요."

할아버지는 그 지팡이가 성에 차지 않았고 도둑의 말이 의심쩍었다. 그러나 어쩔 수 없이 할아버지는 지팡이를 짚고 집으로 출발했다. 할아버지는 계속 걷다가 예전의 그 집에 다다랐다. 예전의 그 아이들이 역시 놀고 있었다.

"애들아, 내 지팡이를 건드리지 말거라. '탁 툭 지팡이'라고 절대 말하지 말거라."

할아버지는 아이들에게 그렇게 말하고 집으로 들어갔다. 조금 앉아 있는데 한 남자아이가 급히 뛰어 들어왔다.

"맙소사, 할아버지, 지팡이를 멈추게 해 주세요. 지팡이가 아이들을 때리고 있어요!"

할아버지가 밖으로 나왔다. 지팡이가 혼자서 아이들을 때리고 있었다. 아이들이 구석으로 몰렸다. 할아버지는 아주 기뻤다.

"아주 잘하고 있어. 그렇게 해야 해. 지팡이야. 때려, 계속 때려. 자, 이제 내 소와 말을 가져오너라. 그러면 지팡이를 멈추게 하마."

할아버지의 아이들에게 말하자마자 한 아이가 뛰어가서 숨겨 둔 말을 끌고 왔고, 다른 아이가 소를 끌고 왔다. 할아버지는 아이들을 보고 말했다.

"이후부터는 바늘 하나라도 남의 물건을 아무 말도 없이 가져가지 말거라. 이제 탁 툭 지팡이야, 멈추어라."

지팡이는 할아버지에게로 가더니 멈추었다. 할아버지는 지팡이를 짚고 소와 말을 몰고 집으로 돌아왔다. 할아버지가 할머니에게 말했다.

"소의 젖을 짜고 말에게 '쉬 쉬 시'라고 하지 말고 가만히 내버려 둬. 지팡이도 건드리지 말고."

할머니는 기뻐하며 양동이를 들고 소의 젖을 짜러 나갔다. 소는 아주 젖이 많았다. 할머니는 몹시 기뻤다. 할아버지가 말에게 '쉬 쉬 시'라고 부르지 말라고 한 이유를 도저히 이해할 수 없었다. 할머니가 말에게 '쉬 쉬 시'라고 말하자 말은 돈과 빵을 쌌다. 할머니가 그렇게 말하자 돈과 빵이 한가득 모였다. 할머니는 너무 기뻐서 소리쳤다.

"탁 툭 지팡이!"

지팡이가 갑자기 자리에서 튀어 오르더니 할머니를 때리기 시작했다. 소젖이 담긴 통이 엎어져 할머니는 소젖을 온

통 뒤집어썼다. 할아버지가 할머니의 비명 소리를 듣고 밖으로 뛰어나왔다. 지팡이가 할머니를 흠씬 때리고 있었다. 할아버지는 지체하지 않고 '트르'라고 소리쳤다. 지팡이는 말을 잘 듣는 강아지처럼 온순해져서 할아버지에게 와서 멈추었다.

이제 할아버지와 할머니는 도둑의 선물이 지니는 의미를 잘 알게 되었다. 그때부터 할아버지와 할머니는 소의 젖을 짜며 부유하게 살게 되었다. 할아버지와 할머니는 도둑에게 감사하며 살았고 도둑을 놓아줘서 신이 그들을 도운 것이라고 말하곤 했다.

토끼와 담비

토끼도 희고 담비도 희다. 어느 겨울날 토끼가 누워 있었다. 그런데 담비는 토끼가 누워 있는 것을 보지 못하고 토끼를 밟았다. 토끼는 놀라서 비명을 질렀고 담비는 토끼의 꼬리를 물었다. 토끼와 담비는 서로 다른 방향으로 뛰어갔다. 담비가 말했다.

"너는 아무 데나 그렇게 누워 있니? 어디든 다른 데 가서 누우렴. 길 한가운데 떡하니 누워 있으면 어떡하니?"

토끼가 말했다.

"나 역시 너를 보지 못했어! 너도 하얘서 눈 속에서 네 모습이 보이지 않아."

이렇게 토끼와 담비는 서로에게 욕을 하며 싸웠고 결판이 나지 않자 곰에게 가서 물어보기로 했다. 둘은 곰에게 가서 물었다.

"우리 중 누구 말이 맞는지 말해 주세요."

토끼가 말했다.

"제가 누워 있는데 담비가 와서 나를 밟고 뛰어넘었어요. 그러고 나서 또 내 꼬리를 물었어요."

담비가 말했다.

"저는 그저 길을 걷고 있었을 뿐이었어요. 놀라서 아무 생각 없이 우연히 꼬리를 물었어요."

곰은 토끼와 담비가 하는 말을 자세히 듣고 나서 말했다.

"자, 너희는 둘 다 하얗기 때문에 서로의 눈에 띄지 않는다."

곰은 담비의 꼬리를 검은색으로 칠했고 토끼의 귀를 검은색으로 칠했다. 그렇게 하니 토끼와 담비는 서로를 알아볼 수 있게 되었다.

바보 청년

옛날 알타이에 세 형제가 살았다. 두 형은 영리했지만 막내는 바보였다. 두 형은 사냥을 다녔고 막내는 집안일을 했다. 하루는 두 형이 사냥하러 갈 채비를 하고 있었다. 사냥하는 동안에 필요한 식량을 통에 차례로 넣었다. 새벽에 일어나서 통을 말에 싣고 먼동이 트기 전까지 떠나야만 했다. 일찍 떠나야만 도착할 수 있기 때문이었다. 막내는 같이 가게 해 달라고 졸랐지만 형들은 막내를 나무란 후 잠을 자라고 말했다. 한밤중에 막내는 일어나서 통에 넣은 음식을 다 꺼낸 후 통에 기어 들어갔다. 두 형제는 새벽에 일어나 짐을 들고 바보 동생이 잠자는 동안 집을 나섰다. 큰 형이 말했다.

"이 통이 왜 이렇게 무거운 거야? 내가 물건을 너무 많이 넣었나?"

두 형은 통을 끌고 계속해서 갔다. 바보 동생이 조용히 소리쳤다.

"기다려!"

두 형이 말했다.

"막내가 우리를 쫓아오나 봐."

두 형은 더 빨리 뛰어갔다. 두 형은 피곤해서 잠시 쉬기 위해 앉았다. 통을 열어 보니 거기 바보 막내가 앉아 있었다.

"맙소사! 바보야, 왜 거기 들어갔니?"

"형들과 함께 사냥을 하면 돈을 벌 수 있을 것 같아서!"

"그래, 네가 매를 버는구나!"

두 형제는 막내를 꾸짖었다. 그때 멀리서 소란스러운 소리가 들렸다. 사람들이 말을 타고 오는 소리 같았다. 형제는 불안해하며 주위를 살폈다. 멀지 않은 곳에 가지가 많은 나무 한 그루가 서 있었다. 형제는 서둘러 그 나무로 기어 올라갔다. 말을 탄 사람들은 다름 아니라 상인들이었다. 상인들이 주위를 둘러보더니 말했다.

"저 가지가 많은 나무가 좋겠다."

상인들은 그렇게 말한 후 나무 아래 짐을 풀었다.

"여기서 하룻밤을 지내고 가자."

나무 위로 올라간 형제는 숨죽이고 가만히 앉아 있었다. 바보 막내가 돌아앉으며 말했다.

"오줌이 마려워서 참을 수가 없어!"

"참아. 참아. 저 사람들에게 들키면 죽어."

바보는 결국 참지 못하고 오줌을 싸 버렸다. 나무 아래에 있던 상인들은 하늘을 올려다보며 놀라워했다.

"이렇게 맑은 날씨에 웬 비지? 하늘에서 꿀이 흐르는 건가?"

바보는 계속해서 앉아 있었다. 이번에는 대변이 보고 싶었다. 형들은 그를 어떻게든 말렸다. 그러나 바보 막내는 참지 못하고 굵게 꼬인 '빵'을 싸 버렸다. 나무 아래에서 쉬고 있던 상인들이 말했다.

"신이 이제는 우리에게 뜨거운 빵을 주시는구나!"

그 말을 들은 바보가 크게 소리쳤다.

"그건 내 빵이야. 돌려줘!"

두 형은 바보 막내를 말릴 수 없었다. 나무 아래에 있던 상인들은 깜짝 놀라 말을 타고 황급히 그 자리를 떠나며 말했다.

"신이 위에서 우리를 보고 계셨어."

상인들의 모습이 사라지자 형제는 나무에서 내려왔다. 나무 밑에는 상인들이 놓고 간 자루들이 있었다. 자루 안에는 물건과 돈이 가득했다. 그렇게 세 형제는 사냥도 하지 않고 사냥을 가던 길에 횡재를 하게 되었다.

이런 속담이 있다.

"만일 바보가 없다면 부유함도 없다."

델베겐이 하늘로 올라간 이야기

옛날 알타이에 한 노인이 살았다. 노인에게는 가축이 많았다. 그에게는 아들 하나와 딸 셋이 있었다. 노인은 새벽에 일어나 말을 몰고 강으로 가서 얼음에 구멍을 뚫었다. 말이 얼음 구멍까지 갔으나 뒤돌아섰다. 마실 물이 없었다. 노인은 생각했다.

'조금 전에 얼음에 구멍을 뚫었는데 그사이에 얼었나?'

노인은 구멍으로 다가갔다. 구멍에는 말의 분뇨 덩어리가 있었다. 노인은 그것을 지팡이로 꺼내서 발끝으로 밟았다. 그런데 그 덩어리가 빙글빙글 돌더니 사람을 잡아먹는 괴물 델베겐으로 변했다. 델베겐은 노인을 잡아먹으려고 다가갔다. 노인을 거의 삼킬 기세였다.

"아이고, 델베겐, 왜 나를 잡아먹으려고 하니? 내 하인들과 가축을 먹으렴. 다 가져가!"

노인은 델베겐에게 그렇게 간청했다. 그러나 델베겐은 노인의 말은 듣지도 않은 채 점점 노인에게 가까이 다가가서 입맛을 다셨다. 노인이 다시 말했다.

"정 그렇다면 내 세 딸을 잡아먹어. 세 딸을 데리고 가!"

델베겐은 노인의 눈을 똑바로 쳐다보며 잡아먹으려고 노

인 쪽으로 움직였다. 델베겐이 말했다.

"아니야, 내가 너를 잡아먹더라도 네 가축과 하인들이 어디로 가겠어? 모든 게 내 수중에 있는데!"

"좋아. 정 그렇다면 할 수 없지. 내게 외아들이 있는데 내 아들을 잡아먹으렴. 어떻게 될지는 모르지만."

"바로 내가 원하는 게 그 아이야. 사흘 후에 내가 네 아들을 데리러 오마."

델베겐은 기뻐하며 얼음 구멍으로 다시 들어갔다.

노인은 집으로 돌아와서 아들을 바라보았다. 미소를 지으며 아들을 바라보다가 그만 울음을 터뜨렸다. 노인은 아들에게 모든 사실을 털어놓았다.

아들은 창을 만들었다. 하루 종일 나무로 창을 만들었다. 사흘 내내 창을 만들었다. 아들은 집 주위에 창을 세워 놓고 부모님을 방바닥 밑에 들어가 있게 했다.

눈이 조금씩 오는 날 델베겐이 집으로 왔다. 델베겐이 물었다.

"얘야, 무엇에 쓸려고 창을 만들었니?"

"델베겐이 오면 그의 폐와 심장을 찌르려고요."

아들은 집 앞의 그가 만든 창으로 다가갔다. 델베겐이 문으로 다가와서 물었다.

"아버지는 어디에 있니?"

"도마뱀 머리로 만든 갈고리를 박으러 갔어요. 그 갈고리로 델베겐의 머리를 뚫으려고요."

델베겐은 화가 나서 다시 물었다.

"내가 묻잖아. 아버지는 어디에 있니?"

"뱀의 머리를 창에 박으려고 갔다니까요. 그걸로 델베겐의 폐와 심장을 찌르려고요."

"사흘 기한을 줄 테니 거세한 황소의 젖을 짜서 내게 가져오라고 아버지에게 전해."

"아버지는 그럴 시간이 없어요. 지하실에서 출산을 해야 하니까요."

소년이 거짓말을 했다.

델베겐이 거칠게 말했다.

"어떻게 남자가 아이를 낳는단 말이니?"

"그러면 어떻게 황소에게서 젖을 짤 수 있단 말이에요? 황소의 젖을 짜서 가지고 오라고 말했잖아요."

소년은 그렇게 말하고 나서 일어나 창을 들었다. 델베겐은 달아나기 시작했다. 섬까지 도망가서 버드나무를 세게 붙잡았다. 그는 소년이 따라오는 것을 보고 버드나무를 꺾어 함께 달로 날아가 버렸다. 그 후 지금도 보름달이 뜨면 델베겐과 버드나무가 선명히 보인다는 이야기가 전해 온다.

황금 등자

옛날 옛적 알타이에 한 청년이 살고 있었다. 청년에게는 어릴 때부터 자신을 부양해 줄 아버지도 없었고 젖을 먹여 줄 어머니도 없었다. 먹을 음식과 입을 옷도 없이 청년은 발길 닿는 대로 떠돌아다녔다. 청년은 계속해서 걷고 또 걷다가 한 초막을 발견하고 안으로 들어갔다.

집 안에 한 상인이 앉아 있었다. 상인이 물었다.

"얘야, 어디를 가는 길이니?"

"일자리가 있으면 가서 일을 하려고요."

상인과 청년은 오랫동안 이야기를 나누다 마침내 합의를 보았다. 청년이 1년 동안 일을 하면 백 루블을 준다는 조건이었다. 청년은 열심히 일했다. 어느 새 1년이 훌쩍 지났다. 고아 청년은 상인에게 가서 백 루블을 달라고 했다.

"저, 나리, 1년 계약으로 일을 하기로 했는데 제가 일을 시작한 지 벌써 1년이 되었습니다. 1년 동안 일한 임금을 계산해 주세요."

상인은 자리에서 일어나 기지개를 켜고는 자신의 뚱뚱한 배를 쓰다듬은 다음 목덜미를 긁적이더니 계산하기 시작했다. 계산을 하고 또 했다. 마침내 계산이 끝났다. 결국 고아 청년은 임금으로 백 루블을 받기는커녕 백 루블의 빚이 있는 것으로 돼 버렸다.

고아 청년은 상인의 말을 끝까지 들은 후 상인을 똑바로 바라보고는 문을 꽝 닫고 집을 나와 길을 떠났다. 청년은 계속 걷다가 또 집을 발견했다. 집 안으로 들어가니 또 한 상인이 앉아 있었다. 상인이 물었다.

"어디 가는 길이니?"

"일자리가 있으면 가서 일을 하려고요. 먹을 것과 입을 것이 필요해요."

"얼마면 일을 하겠니?"

고아 청년은 곰곰이 생각했다.

'1년 동안 일했는데 빚만 백 루블이야. 그러니 이번에는 이백 루블에 일을 해야 해. 백 루블은 빚을 갚아야 하고 나머지 백 루블은 내가 가져야지.'

청년은 그렇게 말했고 그 집에서 일하게 되었다. 청년은 열심히 일했다. 옷이 땀에 다 젖고 땀의 소금기로 옷이 딱딱해지고 탈색이 될 때까지 일했다. 신고 있는 신발은 너덜너덜해졌다. 그렇게 1년이 흘렀다. 1년째 되는 날 청년은 얼굴과 손을 깨끗이 씻고 주인집 상인에게 갔다. 상인은 청년이 일한 값을 계산하기 시작했다. 그리고 청년이 먹은 음식과 옷값을 계산했다.

"너는 이백 루블을 받기로 하고 고용됐는데 네가 그동안 먹은 음식과 옷값으로 내가 사백 루블을 썼어."

임금은 고사하고 청년은 빚만 이백 루블이 되었다. 청년은 다시 그 집을 떠났다. 청년은 빚을 무슨 수로 갚을지 곰곰 생각하며 발길 닿는 대로 걸었다. 청년은 쉬지 않고 계속 걸었다. 집이 한 채 보였다. 청년은 집으로 들어갔다. 거기에는 마을에서 가장 큰 상인이 살고 있었다. 고아 청년은 이 상인에게 일꾼으로 고용되었다. 1년 일하는 대가로 삼백 루블을 받기로 했다. 청년은 일하고 또 일했다. 어떻게 1년이 지나갔는지 모를 정도로 열심히 일했다. 청년은 일한 값을 받으려고 상인에게 갔다. 상인은 계산을 해 보더니 청년이 갚아야 할 빚이 삼백 루블이라고 말했다. 청년은 너무 비통해졌다. 청년은 슬픔에 잠겼다.

'아무리 열심히 일해도 빚만 생겨. 이렇게 사느니 죽는 게 낫겠어. 나를 동정해 줄 아버지도 없고 나를 위해 울어 줄 어머니도 없어.'

청년은 밧줄을 가져와서 목을 매달러 갔다. 청년은 숲으로 가서 나무로 다가갔다. 그러나 나무는 매달리기에 적합하지 않았다. 다른 나무로 다가갔다. 역시 적합하지 않았다. 청년은 계속 돌아다니다 결국 휘어진 자작나무 하나를 발견했다. 청년은 밧줄을 나무에 던져서 걸고 거기에 목을 매려고 했다. 그런데 누군가의 기침 소리가 들렸다. 청년은 주위를 둘러보았다. 새하얀 옷을 입은 백발의 노인이 눈처럼 흰 말을 타고 청년이 있는 쪽으로 다가왔다. 노인이 청년에게 물었다.

"무엇을 하는 거니? 무슨 생각을 한 거니? 무슨 일이 있었던 거니?"

"돌아다니다가 세 명의 상인 집에서 일을 하게 됐어요. 그런데 돈을 벌기는 고사하고 육백 루블의 빚만 지게 되었어요. 죽고 싶어요."

"네가 무슨 생각을 했건 너는 이 세상에서 얼마 살지도 않았고 일한 지도 얼마 되지 않았어. 기다려. 내가 너의 신에게 가서 물어볼게. 네 운명이 이런 건지, 태어날 때부터 이렇게 예정되어 있는 건지 물어볼게. 그동안 죽지 말고 기다려. 다녀와서 다 이야기해 줄게."

노인은 그렇게 말한 후 흰말을 타고 오던 길을 되돌아가려고 했다.

"당신을 기다리지 않을 거예요. 당신이 오기 전에 저는 죽을 거예요."

청년은 소리쳤다.

"만일 내 말을 믿지 못하겠다면 내 황금 등자를 가지고 있어라. 내가 돌아오면 돌려다오."

노인은 그렇게 말하고 안장에서 황금 등자 하나를 빼서 청년에게 던졌다.

청년은 아주 오랫동안 노인을 기다렸다. 청년은 노인을 기다리다가 지쳤다. 청년은 황금 등자를 나무 아래에 숨겨 놓았다. 그러고 나서 다시 시간이 얼마 흘렀다. 노인이 청년 바로 앞에 서 있는 것이 아닌가.

"다녀왔다. 알아 왔어, 네 운명은 이래. 누군가에게서 무엇이든 취하게 되면 절대로 다시 돌려주지 말거라. 남의 것을 우연히 가지게 되더라도 그 값을 치르지 마라. 그러면 너는 아주 부자가 될 것이다."

노인이 청년에게 자세히 설명해 주었다. 청년은 노인의 말을 듣고 목덜미를 긁적였다. 노인이 말했다.

"이제 내 황금 등자를 돌려다오."

"할아버지, 무슨 말씀이세요? 정신 나갔어요? 무슨 등자요? 누가 내게 황금 등자를 주겠어요? 전 그 어떤 황금 등자도 본 적도, 들은 적도 없어요."

청년이 완강하게 말했다. 그 말을 들은 노인이 말했다.

"내가 시험해 보려고 너에게 등자를 준 거야. 너는 진짜 영리하구나. 그렇게 잡아뗄 수 있다니. 황금 등자를 가져라."

노인은 그렇게 말하고 사라졌다.

청년은 이게 꿈인지 생시인지 혼란스러웠다. 잠시 생각하다가 나무 아래를 살펴보니 실제로 황금 등자가 놓여 있었다. 청년은 황금 등자를 손에 들고 첫 번째 상인의 집으로 갔다.

"제가 이런 등자를 박습니다. 등자 하나에 백 루블입니다."

세 상인이 모였다. 실제로 아주 편리하고 훌륭한 등자였다. 세 상인은 망설이지 않고 바로 서로 등자를 가지려고 했다.

"됐어요, 싸우지 마세요. 제가 나리들에게 이런 등자를 다 만들어 드릴게요."

청년은 상인들을 안심시켰다. 상인들은 한 사람당 두 개씩 모두 여섯 개를 만들어 달라고 주문했다. 청년은 등자 값을 미리 그 자리에서 다 받았다. 청년은 육백 루블을 받은 후 그곳을 떠났다. 물론 황금 등자를 가지고 가는 것을 잊지 않았다. 다른 등자를 위한 견본으로 필요했기 때문이다.

사흘 후 상인들은 황금 등자를 받기로 한 곳으로 왔다. 청년은 없었다. 아무도 없었다. 상인들은 기다리다 참지 못하고 청년의 집으로 갔다. 청년은 물건을 만들고 있지 않았다. 만들 생각도 하지 않는 것 같았다. 상인들은 주문했던 물건을 달라고 했다.

"고귀하신 상인 나리님들, 금을 보지 못하셨죠? 고아인 제가 어디에서 금을 가져와서 나리님들에게 등자를 만들어 드리겠어요?"

청년이 침착하게 말했다. 상인들은 분을 참지 못하고 씩씩거렸다. 청년을 법정에 데리고 갔다. 재판관이 상인들의 말을 주의 깊게 들었다.

"이놈이 황금 등자를 만들어 준다고 우리에게서 육백 루블을 받아갔습니다. 그런데 이제 와서 돈도 돌려주지 않고 등자도 만들어 놓지 않았습니다."

청년이 재판관에게 말했다.

"위대하신 재판관님, 저 상인들은 그렇게 많은 금을 본 적이 없습니다. 제가 보기엔 위대하신 재판관님도 그렇게 많은 금을 보신 적이 없으실 것입니다. 그런데 저같이 가난한 사람이 어디서 그런 금이 나겠습니까? 제가 만일 그런 금을 가지고 있다면 이렇게 가난할 리가 없지 않겠습니까? 제가 저 상인들 집에서 3년을 일했지만 동전 한 닢 주지 않고 저를 쫓아냈습니다. 이제 와서 제게 돈을 주었다고 괜히 거짓 증언을 하는 것입니다."

재판관은 상인들의 눈을 똑바로 쳐다보고 화를 냈다.

"너희는 이 가난한 자를 공연히 모함하고 있다. 그리고 재판관인 나를 감히 조롱하는구나. 내가 보기에도 너희가 저 가난한 자에게 돈을 준 것 같지 않다. 너희는 벌을 받아 마땅하다. 위대한 재판관을 감히 속인 죄로 저 청년에게 말 두 필을 주어라."

재판관은 그렇게 판결을 했다.

집으로 돌아온 고아 청년은 부자가 되었고 상인들은 거지가 되었다. 노인과 상인들에게 황금 등자를 본 적도 없다고 거짓말을 한 고아 청년은 재판관도 속였다. 그런 꾀를 부린 덕분에 청년은 부자가 될 수 있었다.

날다람쥐

날다람쥐 한 마리가 있었다. 날다람쥐가 찍찍거렸다. 겉으로 보기엔 짐승인데 나무 사이를 날아다녔다. 날다람쥐가 찍찍거리는 소리를 들은 부엉이가 말했다.

"목소리가 그렇게 나쁘니 누가 네 소리를 들으려고 하겠니? 내 목소리가 훨씬 좋아. 더 아름답게 울려."

부엉이는 그렇게 말하고 노래하기 시작했다. 사실 부엉이 노랫소리가 날다람쥐보다 나았다.

이 세상을 창조한 조물주 타이아시에게는 딸 셋이 있었다. 날다람쥐는 자신에게 나쁜 목소리를 만들어 준 타이아시가 미웠다. 그래서 타이아시에게 가서 말했다.

"당신이 내게 나쁜 목소리를 만들어 줘서 목소리로 부엉이를 이길 수 없어요. 그 대가로 당신 딸 하나가 죽게 될 거예요."

날다람쥐가 그렇게 타이아시를 겁주었다.

어느 날 타이아시가 집에 돌아와 보니 막내딸이 심하게 앓고 있었다. 타이아시가 다른 딸들과 하인들에게 물었다.

"무슨 일이 생긴 거냐? 왜 병이 난 거지?"

다른 딸들이 말했다.

"뛰어다니고 놀다가 갑자기 넘어졌어요."

부엉이가 날아와서 말했다.

"날다람쥐가 하루 종일 울어 댔어요. 목소리가 나빠서 아무도 자기 소리를 들어 주지 않는다고 말했어요. 그래서 당신의 막내딸을 죽일 거라고 했어요."

타이아시가 날다람쥐를 붙잡아 왔다.

"너는 어째서 내 딸을 죽이려고 하니? 어째서 내 딸을 미워하니?"

"아니에요, 아니에요. 제발 저를 놓아주세요. 저를 놓아 주지 않으면 아무 말도 하지 않을게요."

타이아시가 날다람쥐를 풀어 주자 날다람쥐가 말했다.

"당신이 제 목소리를 나쁘게 만들어 줘서 아무도 제 목소리를 들어 주지 않아요. 아무도요. 그래서 당신의 딸을 없애겠다고 겁을 준 것뿐이에요. 당신을 놀라게 하려고요."

타이아시가 진실을 털어놓았다.

"나는 모든 새를 저마다 다르게 만들었다. 목소리도 서로 다르게 만들었다. 수많은 새들 중 너는 바다 위나 타이가 숲을 날아다니는 새야. 네 목소리는 타이가 숲이나 바위 사이에서 아름답게 울려 퍼질 거다."

날다람쥐가 타이아시에게 말했다.

"당신이 아무리 전능하신 창조주일지라도 딸의 병을 낫

게 할 수는 없어요. 그 점에서 저와 겨룰 수 없어요. 비록 제가 죽더라도 사람들은 제가 낳은 새끼들을 보게 될 거예요. 그러나 사람들은 아무도 당신을 기억하지 못할 거예요. 어째서 당신이 이 세상에 있는 거죠? 무엇을 위해?"

타이아시는 화가 나서 날다람쥐에게 주문을 걸었다.

"봄에 내가 최초로 나타난 후, 최초의 벼락이 친 후 네 목소리는 사라져 버릴 거다."

그때부터 최초의 벼락이 친 후 날다람쥐는 울지 못하게 되었다. 목소리가 사라져 버린 것이다.

세 아들

늙은 할머니가 아들 셋과 함께 살았다. 하루는 세 아들이 말했다.

"어머니, 사냥하러 타이가 숲에 갔다 올게요."

세 아들은 사냥 채비를 하고 타이가 숲으로 떠났다. 집에는 할머니 혼자 남았다. 세 아들이 숲으로 떠난 뒤 집 굴뚝에 세 마리 거위가 날아와 노래하기 시작했다.

"큰 칼이 비스듬히 걸려 있는데 남자들은 집에 있어요?"

거위들이 그렇게 노래하자 어머니가 답했다.

"큰 칼은 비스듬히 걸려 있는데 남자들은 집에 없구나."

"어디 갔어요?"

"사냥하러 갔어. 타이가로 떠났어."

그런 일이 있은 후 할머니는 평온하게 잘 살았다.

얼마 후 거위들이 다시 날아와 굴뚝에 앉아 또 노래하기 시작했다.

"큰 칼이 비스듬히 걸려 있는데 남자들은 집에 있어요?"

어머니가 답했다.

"큰 칼은 비스듬히 걸려 있는데 남자들은 집에 없구나."

거위는 꿱꿱거리다 날아가 버렸다. 한참 시간이 흘렀다.

달이 바뀌고 해가 바뀌었다.

세 아들은 사냥을 끝내고 집으로 돌아갈 채비를 했다. 흑담비 가죽을 말 등에 얹었다. 워낙 커서 말의 머리부터 꼬리까지 차지했다. 세 아들은 사냥한 짐승들의 고기를 말에 가득 싣고 집으로 향했다. 타이가에게 감사하고 타이가에게 예를 표한 후 집으로 출발했다. 아들들은 무사히 집에 도착했다.

할머니는 사냥을 마치고 돌아온 아들들을 맞이했다. 말에게 재갈을 물리고 아들들을 도와 사냥에서 얻은 수확물을 말에서 내렸다. 할머니와 세 아들은 방으로 들어왔다. 할머니가 세 아들에게 말했다.

"얘들아, 너희가 집에 없는 동안 계속 세 마리 거위가 날아와 굴뚝에 앉아 노래하며 너희에 대해 묻더구나."

"한번 들어 보죠."

잠자리에 들어서도 세 아들과 할머니는 계속 이야기를 나누었다. 그런데 갑자기 거위의 노랫소리가 들렸다.

"큰 칼이 비스듬히 걸려 있는데 남자들은 집에 있나요?"

거위들이 그렇게 노래하자 어머니가 답했다.

"큰 칼이 비스듬히 걸려 있고 남자들도 집에 있어."

그 소리를 들은 거위들은 굴뚝에서 내려와 문으로 다가왔다. 세 마리 거위는 세 처녀로 변했다. 세 아들은 세 처녀와 결혼해 부자로 행복하게 잘 살았다.

황금 수탉

아주 오랜 옛날 강물도 아직 흐르지 않고 땅 위에 풀도 아직 자라지 않을 때였다. '검은 산' 기슭에 카라투 칸이 살았다. 카라투 칸에게는 아내와 딸이 셋 있었다. 카라투 칸 말고는 활을 쏠 줄 아는 사람이 아무도 없었다. 칸에게는 기르는 가축이 아주 많았다. 그러나 칸은 살날이 얼마 남지 않았다. 그가 죽은 후 그를 대신해서 가족을 지켜 줄 사람이 아무도 없었다. 카라투 칸이 사는 곳에서 멀지 않은 곳에 사라투 칸의 아들인 사리 울이 살고 있었다. 사리 울은 그렇게 부유하지 않았다. 가축과 재산이 아주 적었고 하인의 수도 아주 적었다. 그는 중간 정도의 영주였다.

어느 날 저녁 카라투 칸이 큰딸에게 말했다.

"얘야, 저기 사는 사리 울에게 시집을 가거라."

"아버지, 그에게 시집을 가느니 차라리 노란 그루터기에게 시집갈래요."

큰딸은 노란 그루터기에게 시집을 갔다.

다음 날 저녁 칸이 둘째 딸에게 말했다.

"사리 울에게 시집을 가거라."

"사리 울에게 시집을 가느니 노란 흙더미에게 시집을 가는 편이 나아요."

둘째 딸은 노란 흙더미에게 시집을 갔다.

두 딸이 그렇게 시집을 가 버리자 칸은 셋째 딸에게 아무 말도 할 수 없었다.

막내딸은 매일 가축에게 물을 먹이러 갔다. 하루는 막내딸이 말과 소에게 물을 먹이려고 끌고 갔는데 말과 소가 물을 먹으려고 하지 않고 오던 길을 돌아가려고 했다. 처녀는 앞장서서 걸으며 계속 울기만 했다. 처녀는 순간 이상한 생각이 들었다.

'왜 가축들이 물을 마시려고 하지 않을까?'

처녀는 다시 가축들에게 물을 먹이는 곳으로 와서 자세히 들여다보았다. 거기에는 말똥이 떠다녔다. 처녀는 말똥을 집어서 던져 버렸다. 그런데 말똥이 사리 울로 변하는 것이 아닌가!

사리 울은 처녀를 자기 집으로 끌고 갔다. 처녀는 계속 울었지만 아무 소용이 없었다. 사리 울은 그녀를 놓아주지 않았다. 사리 울은 집에 오자마자 누런 개로 변한 다음 문지방 옆에 누웠다. 아무리 처녀가 나가려고 애를 써도 허사였다. 처녀는 눈물을 철철 흘리며 요리를 해서 자신도 먹고 문지방 옆에 앉아 있는 누런 개에게도 먹여야만 했다.

하루는 사리 울이 누런 개의 가죽을 벗고 사냥 나갈 옷을 갖추어 입었다. 옷을 갖추어 입은 다음 처녀에게 말했다.

"아무에게도 이 개가죽을 보여 주면 안 돼. 만일 이 가죽을 보여 주면 나는 죽게 될 거야."

사리 울은 그렇게 말한 후 사냥을 떠났다.

그가 사냥을 떠난 지 벌써 열흘이 지났다. 처녀가 사는 집에 두 언니가 찾아왔다. 언니들은 집에 와서 끈질기게 쉬지 않고 졸라 댔다.

"네 남편은 어떤 사람이야? 어떻게 생겼어? 보여 줘."

언니들이 하도 끈질기게 고집을 부리자 처녀는 상자를 조금 열어 개가죽을 보여 주었다. 두 언니는 개가죽을 보자마자 상자에서 끌어당겨 낚아채서는 불이 활활 타는 난로에 던져 버렸다. 가죽은 난로 속에서 조금 탔다. 조금 있다 두 언니는 자리에서 벌떡 일어나 서둘러 집으로 출발했다.

사리 울의 아내는 어렵게 가죽을 난로에서 꺼내 상자에 도로 넣었다. 그날 저녁 밖에서 누군가의 신음 소리가 들렸다. 나가 보니 남편 사리 울이 옆구리가 온통 탄 채 문 앞에 앉아 있었다. 그는 처녀에게 이제 더 이상 자신을 볼 수 없다고 말하고 사라졌다. 사리 울이 사라지자 처녀는 슬피 울었다, 아침까지 잠이 오지 않았다.

날이 밝기도 전에 처녀는 집에서 나가 곧바로 숲으로 향했다. 발길 닿는 대로 정처 없이 길을 갔다. 그녀는 오랫동안 걸었다. 작은 초막집 하나가 앞에 있었다. 그 집에는 '황금 수탉'이란 이름의 노인이 살고 있었다. 처녀는 노인에게 그동안 있었던 모든 일을 이야기했다. 노인이 말했다.

"얘야, 필요한 물건을 꾸려라. 먼저 고기가 든 자루와 지팡이 두 개, 낙타 눈 두 개를 모두 말에 싣고 이 '검은 산'을 따라가거라. 가다 보면 호수가 있을 거야. 그 호수에 오리 두 마리가 있을 거야. 두 마리 오리 중 몸의 절반이 불에 타 있는 오리가 있을 거야. 그 오리가 바로 네 남편이야."

처녀는 노인의 말을 다 들은 후 다시 집으로 왔다. 노인이 말한 물건들을 말에 싣고 길을 떠났다. 한참 후 산의 중간쯤 왔을 때였다. 까치 두 마리를 만났다. 한 까치가 물었다.

"말의 두 눈을 쪼아 먹을까? 아니면 네 눈을 쪼아 먹을까?"

처녀는 낙타의 두 눈을 까치에게 던져 주었다. 그러자 까치들이 아내를 칭찬했다.

"부디 가는 길이 평탄하고 하려는 일을 무사히 마칠 수 있기를 빌게."

처녀는 계속 앞으로 갔다. 그런데 앞에서 낙타 두 마리가 다가와서 물었다.

"말의 다리를 긁을까? 아니면 네 다리를 긁을까?"

처녀는 지팡이 두 개를 내주었다. 낙타가 처녀를 칭찬했다.

"부디 가는 길이 평탄하고 하려는 일을 무사히 마칠 수 있기를 빌게."

다시 처녀는 가던 길을 갔다. 이번에는 독수리 두 마리가 날아와서 말했다.

"말의 고기를 쪼아 먹을까? 아니면 너를 쪼아 먹을까?"

처녀가 고기가 든 자루를 독수리에게 주자 독수리들이 칭찬했다.

"부디 가는 길이 평탄하고 하려는 일을 무사히 바칠 수 있기를 빌게."

처녀는 계속 앞으로 갔다. 한참을 가니 호수가 나왔다. 호숫가에 앉았다. 날이 어두워지고 있었다. 처녀는 완전히 어두워질 때까지 기다렸다. 마침내 두 마리 오리가 날아왔다. 그중 한 마리가 절반이 까맣게 타 있었다. 처녀는 자리에서 일어나 그 오리를 잡았다. 처녀가 오리를 잡자마자 오리는 남자로 변했다. 남자가 말했다.

"당신이 나를 찾았으니 이제 우리는 같이 살 수 있어."

두 사람은 호숫가의 넓은 땅을 잘 발로 밟은 후 나무로 집을 지었다. 단단한 땅을 발로 잘 다진 후 단단한 집을 지었다. 두 사람은 아이를 낳고 부자로 오랫동안 행복하게 살았다.

고아 청년과 다람쥐

아주 먼 옛날 땅이 흔들리며 생겨나고 산에 갈대가 자라고 강이 졸졸 흐를 때였다. 그때도 지금처럼 사람들이 살고 있었다. 한 고아 청년이 살고 있었다. 그에게는 아버지도 어머니도 없었다.

어느 날 청년은 배가 고팠다. 그러나 집에는 먹을 것이 아무것도 없었다. 청년은 아무 짐승이라도 잡을 수 있으리라는 희망을 품고 숲으로 갔다. 그러나 청년은 짐승 한 마리도 발견하지 못했다. 나뭇잎을 얼기설기 엮어서 만든 그의 옷은 숲을 돌아다니는 동안 완전히 누더기가 되었다. 청년은 이제 집으로 돌아가려고 작정했다. 그때 다람쥐 한 마리가 눈에 띄었다. 청년이 다람쥐를 잡으려 쫓아가자 다람쥐는 나무 그루터기의 구멍으로 쏙 들어가 버렸다. 청년은 화가 나서 그루터기를 패기 시작했다. 그러자 다람쥐가 나와 사람의 소리로 말하기 시작했다.

"뭐가 필요해서 그러니?"

청년은 지금까지 다람쥐가 사람 소리를 내며 말하는 것을 들어 본 적이 없었다. 청년은 놀랐다. 청년은 눈물을 글썽이며 하소연했다.

"단 한 번이라도 좋으니 실컷 배불리 먹어 봤으면 소원이 없겠어."

청년의 처지를 눈치챈 다람쥐가 말했다.

"좋아. 집에 가서 좀 자."

청년은 힘이 빠졌다. 청년은 원하는 것을 얻지도 못하고는 집으로 돌아와서 굶주린 채 잠이 들었다.

청년은 잠에서 깼다. 지붕도 없이 맨땅만 있던 곳에 지붕이 있는 아담한 나무집이 하나 있었다. 게다가 그의 몸에는 나뭇잎을 엮어 만든 옷 대신에 천으로 만든 옷이 걸쳐져 있는 것이 아닌가. 청년은 일어나서 주위를 살펴보았다. 화덕에는 음식이 있었다. 청년은 음식을 배부르게 먹은 다음 다시 어제의 그 나무 그루터기로 가서 도끼로 나무를 패기 시작했다. 어제의 그 다람쥐가 나왔다.

"이제는 무엇이 필요하니?"

"먹을 것 말고 큰 집이 필요해. 서너 층짜리 큰 집이 필요해. 사람들이 많이 살아야 하니 한 층에는 물건을 사고파는 상점이 있어야만 해."

"알았어. 집에 가서 자."

청년은 집으로 가서 잠을 잤다. 다음 날 일어나니 4층 집이 우뚝 서 있었다. 그중 한 층에는 상점이 있었다. 그러나 거기를 들어가거나 나오는 사람은 아무도 없었다. 청년은 다시 나무 그루터기로 가서 두드렸다. 다람쥐가 나왔다.

"이제 또 뭐가 필요하니?"

"나는 이제 큰 상인이 되고 싶어."

"알았어. 가서 자."

청년은 자고 일어났다. 그는 큰 상인이 되어 있었다.

"이제 다람쥐에게 가서 아주 힘이 세고 무시무시한 임금이 되게 해 달라고 부탁해야지!"

그는 다시 도끼로 나무 그루터기를 두들겼다. 다람쥐가 나와서 물었다.

"이제 뭐가 필요하니?"

"나는 위대한 임금이 돼야겠어."

"알았어. 가서 자."

청년은 집으로 가서 한잠 자고 일어났다. 그러나 모든 것이 원래 있던 그대로 돌아가 있었다. 청년은 예전의 초막집에서 나뭇잎으로 엮은 옷을 걸치고 있었다. 청년은 슬피 울었다. 다시 나무 그루터기로 가서 두들겼다. 아무리 두들겨도 다람쥐는 나오지 않았다. 청년은 나무 그루터기를 아예 쪼개 던져 버렸다. 그래도 다람쥐는 나오지 않았다.

고양이

한 가난한 농부가 살았다. 그에게는 아들이 셋 있었다. 세월이 흘러 농부는 늙었고 죽음을 앞두게 되었다.

농부는 맏아들을 불러 말했다.

"큰애야, 너는 말을 가져라. 땅을 파고 씨를 뿌려 수확해서 먹고 살아라."

농부는 둘째에게 말했다.

"둘째야. 이 집에 살아라. 젖소 젖을 짜서 마시고 살아라."

마지막으로 농부는 막내에게 말했다.

"사랑하는 막내야, 저 고양이와 함께 살아라."

농부는 아들들에게 그렇게 말한 후 죽고 말았다. 세 아들은 아버지가 죽고 난 후 아버지의 유언대로 살기 시작했다. 맏아들은 아버지의 말을 물려받아 땅을 갈고 곡식을 수확해서 먹고 살았다. 둘째 역시 아버지 집에서 잘살았다. 셋째만 고양이와 단둘이 살게 되었다. 셋째는 살 집이 없어 아버지의 헛간에서 살았다. 셋째가 말총으로 짐승과 새를 쏘면 고양이가 달려가서 살펴보곤 했다.

하루는 고양이가 주인에게 말했다.

"이제 주인님도 결혼을 해야죠."

"내가 어떻게 신부를 맞을 수 있겠어? 집도 없는 내게 누가 시집을 오겠어?"

"집은 필요 없어요. 저랑 같이 가세요."

셋째와 고양이는 신붓감을 구하러 길을 떠났다. 고양이가 길을 가면서 말했다.

"제가 앞서갈 테니 주인님은 뒤에서 조용히 따라오세요."

셋째는 고양이가 시키는 대로 뒤에서 따라갔다. 그들은 들판을 통과했다. 끝이 보이지 않을 정도로 드넓은 밭이 나왔다. 밭에서 사람들이 일하고 있었다. 고양이가 다가가서 사람들에게 물었다.

"이게 누구 밭이에요?"

일하던 사람들이 대답했다.

"아자 칸의 밭이야. 우리 칸은 어떤 동물로도 변신할 수 있어. 때론 말로 변하기도 하고 필요에 따라선 쥐로 변할 수도 있어. 얼마나 포악한지 우리는 그의 독재를 당해 낼 수가 없어."

사람들의 말을 다 들은 후 고양이는 계속 앞서서 걸어갔다. 조금 후 끝도 없이 긴 무리의 가축 떼를 만났다. 고양이는 목동들에게 다가가서 물었다.

"이게 누구의 가축이에요?"

"아자 칸의 가축이야."

고양이는 말과 소, 양을 치는 목동들 옆을 지나갔다. 계속 얼마쯤 걸어가자 저 멀리 궁전이 보였다. 궁전은 하늘을 찌를 것 같았다. 바라보기도 힘들 정도였다. 궁전이 너무 번쩍거려 눈이 멀 정도였다. 고양이는 궁전의 경비병들 눈을 피해 작은 틈새로 궁전 안으로 들어갔다. 칸은 혼자서 무엇인가를 먹고 있었다. 고양이는 사람의 소리를 내 의도적으로 칸을 칭찬했다.

"전하는 신의 동생이라 자유자재로 무엇으로든 변할 수 있다고 들었어요."

고양이는 그렇게 계속 아양을 떨었다.

"저는 고양이로서 한 번만이라도 전하가 변신하는 것을 꼭 보고 싶어요."

칸은 이제까지 한 번도 그런 칭찬을 들어 본 적이 없었다. 그는 식탁에서 일어나지도 않은 채 사자로 변신해서 무섭게 고양이를 바라보았다. 고양이는 너무 무서워서 숨을 곳을 찾아 두리번거리기 시작했다. 칸은 사자 말고 말로도 변신했고 토끼로도 변신했다. 그러자 고양이가 물었다.

"제가 듣기로는 전하가 쥐로도 변신할 수 있다고 하던데, 어떻게 이렇게 거대하신 전하가 쥐가 될 수 있지요?"

고양이는 놀라워하며 말했다. 조금 후 고양이는 칸이 아주 작은 쥐로 변해 식탁을 뛰어가는 것을 보았다. 고양이는 망설일 틈도 없이 바로 쥐를 꽉 잡고는 입에 넣어 버렸다. 그런 다음 고양이는 주인을 맞이하러 궁전 밖으로 나갔다.

셋째는 칸의 궁전에 오기 전에 이미 한 농부의 예쁜 딸을 아내로 맞이했다. 그녀는 해와 달보다 예뻤다. 아니, 그녀는 해와 달의 아름다움을 겸비했다. 그녀는 무슨 일이건 아주 빨리 끝내는 재주가 있었다. 그녀는 아주 영리하고 솜씨가 비범해서 누구나 탐내는 처녀였다. 그런 처녀를 셋째가 아내로 맞이할 수 있도록 중매를 선 것이 바로 고양이였다. 고양이는 처녀의 아버지에게 자기 주인을 사위로 삼으면 머리보다 큰 금덩어리를 주겠다고 약속했다. 고양이는 주인보다 앞장서 걸어가며 밭에서 일하던 농부들에게 말했다.

"이제 당신들의 주인은 아자 칸이 아니라 오치 알마스요. 그가 지금 아름다운 아내와 올 테니 경의를 표하시오."

고양이는 그렇게 말하며 지나갔다. 딸을 내준 농부는 딸과 사위를 맞이하러 갔다. 칸의 궁전에 들어간 농부는 자신이 부자가 됐다고 직감했다. 궁전에서 그들은 시간 가는 줄 모르고 마셨다. 그렇게 가난한 농부의 셋째 아들은 부자로 잘살게 되었다.

할아버지와 부자

옛날에 할아버지와 할머니가 살았다. 그들에게는 먹을 것이 하나도 없었고 가진 것이라고는 말 한 필이 전부였다. 그들은 부잣집에서 일해서 얻은 밀 한 줌을 땅에 심었다. 부잣집에서 일할 때 주인은 개가 먹던 그릇에 음식을 담아 할아버지와 할머니에게 주었다. 밭을 갈 때가 되어 할아버지가 밭에 가서 보니 자신이 심은 밀이 다른 사람들의 밀보다 잘 자라고 있었다. 할아버지는 풀을 뽑고 집으로 돌아갔다. 밀을 빻을 때가 되자 할아버지는 밭으로 갔다. 그런데 누군가 할아버지의 밀을 다 짓밟아 버렸다. 할아버지는 울고 탄식하며 집으로 돌아갔다.

다음 해 할아버지는 다시 부잣집에서 일했고 그 삯으로 밀 한 줌을 얻어 밭에 뿌렸다. 제초를 할 때가 되자 할아버지는 말을 타고 밭으로 갔다. 할아버지는 풀을 뽑고 밭을 지키기 시작했다. 밀이 아직 다 여물지 않은 어느 날이었다. 자정쯤 되어 백학 한 마리가 밭을 다니는 것이 보였다. 백학이 밀을 먹고 있었다. 할아버지는 백학을 붙잡아 때리기 시작했다.

백학이 말했다.

"때리지 마세요. 할아버지에게 앞으로 올 행운에 대해 말해 줄게요."

"누가 너를 여기 보냈니?"

"부자가 저를 3년 동안 계속 여기 보냈어요. 할아버지의 밀은 부자의 창고에 있어요. 할아버지의 행운은 '검은 강' 상류에 사는 검은 물고기에게 있어요. 그 물고기를 잡아서 앞으로 있을 일에 대해 들으세요."

할아버지는 '검은 강' 상류에서 검은 물고기를 발견했다. 물고기가 말했다.

"빗자루를 만들어서 상인에게 파세요. 그러면 행운이 저절로 올 거예요."

할아버지는 집으로 가서 빗자루를 만들어서 부자와 함께 상인에게 팔러 가려고 집을 나섰다. 길을 가다 중간에 밤을 보내야만 했다. 부자는 몰래 할아버지의 마차에 돌들을 넣었다. 다음 날 아침 할아버지와 부자는 다시 출발했다. 그런데 할아버지는 부자에게 자꾸 뒤처졌다. 상인 집에 거의 도착하자 부자가 먼저 상인 집으로 들어갔다. 부자가 상인에게 말했다.

"나가서 보세요. 할아버지가 마차에 돌만 잔뜩 실어 왔어요."

상인이 나가서 할아버지의 마차를 보니 거기에는 금이

가득 들어 있었다. 상인은 부자에게 화를 내며 부자를 쫓아냈다. 그리고 할아버지를 집으로 들여 금 의자에 앉으라고 권하고 맛있는 음식을 대접했다. 상인은 금값으로 자기가 부리던 하인들을 할아버지 집에 보냈다.

할아버지는 집으로 돌아왔다. 부자의 집은 썩어 버렸고 할아버지의 집은 크고 높아졌다. 할아버지에게는 셀 수 없이 많은 말과 소, 곡식 창고들이 생겼다. 세월이 흘러 부자는 더 가난해졌다. 부자는 할아버지에게 일꾼으로 자신을 써 달라고 부탁했다. 부자가 할아버지 집에서 일할 때 밥을 먹으러 오면 할아버지는 개 밥그릇에 음식을 주었다. 부자는 그 음식을 먹으려 하지 않았다. 그러자 할아버지는 부자를 식탁에 앉으라고 하고 음식을 주었다. 부자가 식탁에서 밥을 먹을 때 할아버지가 말했다.

"당신이 개 밥그릇에 음식을 담아 주었을 때 우리는 아무 말도 하지 않고 먹었어. 그런데 왜 당신은 그렇게 먹지 않지?"

예전에 부자였던 사람은 가난하게 죽었고 가난했던 할아버지는 부자로 살게 되었다.

자작나무 그릇

옛날 검은 바닷가에 유목 가옥이 두 채 있었다. 아주 훌륭하고 큰 가옥에는 카라 칸이 살았다. 그에게는 한곳에서 다른 곳으로 몰고 가기가 불가능할 정도로 엄청나게 많은 가축이 있었다. 그에게는 딸이 하나 있었다.

다른 가옥은 아주 볼품없고 초라했는데 거기에는 자작나무로 만든 배를 가진 할아버지가 살았다. 할아버지는 할머니와 살았는데 그들은 배불리 먹을 식량도 따뜻하게 입을 옷도 없었다. 어느 날 할아버지는 배를 타고 자신이 일한 돈을 받으러 카라 칸에게 갔다. 카라 칸은 돈을 주지 않고 욕을 하며 소리쳤다.

"이 게으름뱅이야! 뭘 했다고 항상 돈을 요구하니! 이제부터 네 배를 타고 내 강에서 고기를 잡으면 죽을 줄 알아. 그동안 내 물고기를 잡아먹었으면 충분한 것 아냐?"

칸은 그렇게 말하며 노인에게 임금을 주지 않았다. 노인은 칸의 발밑에 엎드려 말했다.

"먹을 게 아무것도 없는데 어떻게 살 수 있겠어요? 이제부터 당신을 위해 일하겠어요. 무엇이든 필요한 것을 다 만들어 드릴게요."

할아버지는 그렇게 말하며 울었다. 카라 칸이 말했다.

"너는 거지야. 가축만도 못해. 내가 네게 부탁할 게 뭐가 있겠어? 내게는 모든 것이 다 있어. 나는 부자야."

카라 칸은 그렇게 우쭐댔다. 불쌍한 할아버지는 슬피 울며 집으로 돌아왔다.

세월이 흘렀다. 카라 칸의 딸이 심한 병에 걸렸다. 카라 칸은 딸의 병을 고치기 위해 샤먼을 불러 굿을 했다. 샤먼은 굿을 한 후 말했다.

"검은 강 저쪽에 두 강이 갈라지는 곳에 '검은 산'이 있어. 그 산의 어머니 귀신이 당신 딸의 혼을 빼서 산 옆 타이가에 숨겼어. 이제 그 귀신이 젖소를 죽여 제단에 바치고 젖소의 피를 당신 딸에게 뿌리고 자작나무로 만든 세 그릇에 담긴 음식이 필요하다고 말하고 있어. 만일 귀신이 시키는 대로 하지 않으면 당신 딸은 사흘을 넘기지 못하고 죽을 거야."

카라 칸은 무당의 꾀를 알아차리지 못하고 자작나무 그릇을 빌리러 자작나무 배를 가진 할아버지에게 갔다.

"자작나무 그릇을 빌리러 왔어."

"제가 어떻게 자작나무 그릇을 만들 수 있겠어요? 저는 음식을 먹지 못해 굶주리고 있어요. 제 외아들은 먹지 못해 죽어 가고 있고 제 아내도 병이 났어요."

카라 칸은 그릇을 만들어 달라고 더 이상 부탁하지 못하고 집으로 돌아왔다. 딸은 거의 죽어 가고 있었다. 카라 칸은 다시 할아버지에게 가서 무릎을 꿇고 엎드려 그릇을 만들어 달라고 애원했다.

"원하는 것을 다 줄게. 곡식을 줄게. 자작나무 그릇만 내게 줘. 내 딸의 숨이 넘어가고 있어."

할아버지는 카라 칸에게 자작나무 그릇을 내주었다.

쿠만딘 설화

사냥꾼의 전설 1

한 노인이 살았다. 그에게는 아들 셋과 딸 하나가 있었다. 그들은 사람들이 오지 않는 타이가에서 땅을 경작하고 옷을 스스로 만들어 입었다. 그들은 야생 짐승의 고기와 생선을 먹고 살았다. 사슴과 염소 가죽으로 옷을 만들어 입었다. 셔츠와 바지가 필요하면 짐승의 가죽을 가져와서 만들었다.

하루는 한 처녀가 노인의 집에 왔다. 아름다운 얼굴과 긴 머리카락의 처녀였다.

노인이 처녀에게 물었다.

"어디서 오는 길이오?"

처녀가 대답했다.

"제 집은 검은 타이가예요."

"키워 준 아버지는?"

"저를 키워 준 아버지는 검은 산이에요!"

"키워 준 어머니는?"

"저를 키워 준 어머니는 검은 강이에요!"

"어디로 가는 길이오?"

"먹을 음식과 마실 물을 찾아서 가는 길이에요. 배불리 먹을 음식과 소금을 가진 사람을 만나면 그를 따라갈 거예요!"

그러자 노인이 말했다.

"우리 집에서 살지 않겠니?"

처녀는 노인 집에서 살게 되었다. 세 아들은 사냥을 갔다가 집으로 돌아왔다. 노인이 아들들에게 말했다.

"한 처녀가 우리 집에 왔단다."

그리고 노인이 맏아들에게 물었다.

"그 처녀와 결혼할래? 그렇게 한다면 사냥에서 잡아 온 짐승들을 잡아 고기를 삶아 결혼식을 준비하자."

큰아들이 대답했다.

"그녀가 좋다고 하면 그렇게 할게요."

그리고 아들은 처녀에게 물었다.

"나와 결혼할래요?"

"그렇게 할게요!"

노인과 아들들은 사냥에서 잡아 온 짐승을 삶고 결혼식을 치렀다. 처녀는 머리를 빗어 두 갈래로 땋았다. 그렇게 큰아들과 처녀는 3년을 함께 살았다. 3년 후 처녀가 큰아들에게 말했다.

"어떻게 시아버지와 한집에 살 수 있어요! 잠을 잘 때도 불편하고 아침에 일어나면 음식을 만들어야 하는데 시아버지가 화덕 옆에서 주무시니 음식을 만들 수가 없어요. 시아버지가 주무시는데 다가갈 수 없잖아요. 시아버지 옷이 여기저기 나뒹구는 것도 그렇고. 화덕 앞에 시아버지 옷이 걸려 있으니 음식을 만들 수가 없어요. 우리가 집을 지어 따로 나가야 해요. 시아버지와 어떻게 같이 살겠어요?"

이야기를 들은 큰아들은 아버지에게 아내의 말을 전달했다. 아버지가 동의했다. 세 아들은 서로 도와 가며 집을 지었다. 큰아들은 아내와 따로 나가서 살게 되었다. 따로 산 지 한 달도 되지 않아 큰아들이 사라졌다.

노인이 며느리에게 물었다.

"네 남편은 어디로 갔니?"

"사냥하러 타이가로 갔어요!"

"사냥하러 갈 때는 항상 동생들과 함께 가는데 왜 혼자 갔단 말이니?"

"이틀만 자고 온다고 떠났는데 벌써 두 달이 지났어요."

노인과 두 아들은 소리 내 울기 시작했다.

"곰을 만나 죽은 건 아닐까. 화살에 맞은 건 아닐까. 이틀 밤만 자고 온다고 나간 사람이 어떻게 두 달 동안 타이가에 있을 수 있단 말인가? 죽은 게 틀림없어!"

그들은 서로 그렇게 이야기하며 통곡했다.

노인이 며느리에게 와서 말했다.

"너를 둘째에게 시집보냈으면 해!"

"좋아요!"

노인은 며느리를 둘째에게 시집보냈다. 둘째와 며느리는 큰아들의 집에서 살기 시작했다. 일주일이 지났다. 둘째 역시 사라졌다. 노인이 집에 와서 물었다.

"네 남편이 어디로 갔니?"

"사냥하러 갔어요!"

"며칠 있다 온다고 하고 떠났니?"

"하룻밤 자고 돌아온다고 했어요. 하룻밤이 지나도 돌아오지 않더니 벌써 세 밤이 지났어요."

"세 형제가 한 번도 헤어진 적이 없었어. 사냥을 갈 때는 항상 같이 갔어. 결혼한 후에 머리들이 어떻게 된 건가?"

석 달이 지났다. 떠난 아들을 더 이상 기다릴 수 없었다. 노인과 막내가 이야기를 나누었다.

"죽은 게 분명해. 이제 어떻게 하지?"

노인은 며느리를 불러 말했다.

"이제 너를 막내에게 시집보냈으면 하는데!"

며느리는 승낙했다.

"저를 아내로 맞이한다면 그렇게 할게요!"

노인은 며느리를 막내아들과 혼인시켰다.

"이제 우리는 넷밖에 남지 않았어. 아들 둘이 죽었어. 이제 한집에서 살아야 해!"

노인이 그렇게 말하자 며느리가 말했다.

"따로 사는 게 나아요!"

노인이 다시 말했다.

"사람도 적으니 같이 살아야 해!"

"낮에는 한집에서 살고 밤에는 다른 데서 자는 게 좋겠어요!"

노인이 그렇게 하자고 했다. 낮에는 한집에서 살며 음식을 만들어 먹었다. 밤에는 다른 집에서 잤다. 노인의 딸이 뭔가 수상한 것을 느꼈다. 다음 날 아침 아직 해가 뜨기 전에 노인의 딸은 오빠 집으로 갔다. 죽은 오빠의 머리가 화덕에 처박혀 있었다. 창문을 통해 그것을 본 딸은 급히 집으로 달려가 아버지에게 말했다.

"오빠가 죽었어요. 머리를 불에 넣었어요."

아버지는 머리칼이 곤두선 채 오열했다.

"인간이 아닌 것이 분명해. 산신의 딸이야! 이제 어떻게 요물로부터 벗어나지? 산신의 딸이 놀라도록 해야 해. 선조들이 그렇게 말했어. 보름달이 뜨는 밤에 내가 그렇게 해 봐야겠어."

노인은 딸을 달랬다.

"울지 말거라!"

보름달이 기울기 시작하자 노인이 며느리에게 가서 말했다.

“전나무로 만든 네 아버지 집에 불이 났어. 불 끄는 것을 도와주러 가고 싶지만 나이가 많아 거기까지 갈 수가 없구나!”

며느리는 그 말을 믿고 말했다.

“왜 이제 말하세요?”

며느리는 황급히 뛰어갔다. 노인의 딸이 말했다.

“아버지, 빨리 달아나요! 요물이 다시 돌아오면 우리를 잡아먹을 거예요!”

“우리에게는 말도 없는데 어떻게 걸어서 간단 말이니?”

노인의 딸이 말했다.

“그게 문제예요? 목숨이 아깝지도 않으세요? 빨리 도망쳐요!”

노인의 딸은 그렇게 말하고 울었다. 노인이 말했다.

“우리에겐 말이 없어. 걸어서 도망가기엔 힘이 없어. 요물이 돌아오면 우리 뒤를 쫓아올 거야. 새로 변해 우리를 잡을 게 뻔해.”

노인의 딸이 말했다.

“남고 싶으면 아버지나 남으세요! 저 혼자라도 갈래요!”

노인의 딸은 짐을 꾸려 혼자 떠났다. 노인이 말했다.

“너를 혼자서 어떻게 보낸단 말이니? 하나밖에 남지 않은 유일한 딸이 정처 없이 떠나는데. 죽을지도 모른다는 걸 뻔히 알면서 너를 어떻게 혼자 보낸단 말이니.”

노인은 딸의 뒤를 쫓아갔다. 노인과 딸은 아주 큰 바다까지 왔다. 바다를 건널 수 없었다. 노인은 나무로 배를 만들었다. 두 사람은 배에 탔다. 한편 요물은 집에 와서 두 사람이 달아난 것을 알고 쫓아갔다. 요물은 두 사람이 있는 곳까지 왔다. 노인은 요물이 거의 다 따라온 것을 보고 말했다.

“며느리가 시아버지를 따라오면 안 돼! 목에 두르고 있던 손수건은 어디 갔니?”

요물은 잠시 생각하기 시작했다.

‘손수건 없이 시아버지 눈에 보이다니! 창피해라.’

요물은 손으로 머리를 감쌌다. 손으로 머리를 감싼 채 두 사람을 지켜봤다. 노인과 딸은 바다를 건넜다. 산신의 딸은 창피해하며 집으로 돌아갔다. 노인과 딸은 달아났다.

사냥꾼의 전설 2

두 형제가 살았다. 형은 샤먼이었다. 형은 결혼을 했고 아우는 아직 결혼을 못 했다. 아우가 타이가로 사냥을 하러 갔다. 그러나 숲에는 사냥할 만한 짐승이 없었다. 그는 잠자기 전에 피리를 불었다. 산신의 딸이 왔다.

"아버지가 당신을 불러요!"

처녀는 사냥꾼을 산신이 있는 숲으로 데려갔다. 사냥꾼이 오자 산신이 물었다.

"왜 그렇게 슬피 피리를 부니?"

"제가 사냥을 하러 온 숲을 돌아다녔는데 짐승을 한 마리도 잡지 못했어요. 다람쥐도 없고 족제비도 없고 담비도 없어요!"

산신은 청년에게 다람쥐, 족제비, 담비를 주었다. 사냥꾼은 사냥을 마치고 집으로 돌아왔다.

다음에 청년은 또 사냥을 하러 갔다. 털옷 두 벌과 술이 든 가죽 통 두 개를 준비했다. 저녁에 피리를 만들어서 불었다. 산신의 딸이 와서 말했다.

"아버지가 오라세요."

두 사람은 같이 산으로 갔다. 산으로 올라간 청년은 산신에게 딸을 아내로 삼고 싶다고 말했다. 산신이 말했다.

"내 딸은 바깥 세계의 인간과 같이 살 수 없어!"

하지만 사냥꾼은 계속 간청했다. 마침내 산신이 말했다.

"아이의 외삼촌이 있는데 불러 상의해 봐야겠다. 외삼촌이 허락하면 결혼시키겠다!"

산신은 외삼촌을 불러왔다. 외삼촌이 술 한 통을 마시더니 말했다.

"조카가 시집을 가겠구나!"

외삼촌과 산신은 술을 같이 마셨다.

사냥꾼은 처녀를 데리고 집으로 와서 함께 살았다. 얼마 안 있어 큰 명절이었다. 사냥꾼 식구들은 술을 만들었고 산신의 딸은 술을 마신 후 잠이 들었다. 그녀는 이레 동안 잠을 잤다. 샤먼인 형의 아내가 와서 산신의 딸을 깨웠다. 샤먼의 아내는 깔깔거리며 웃었다.

"잠을 너무 오래 자네!"

산신의 딸은 일어나서 화를 내며 남편에게 말했다.

"밖에 나가서 둘러보세요."

남자가 나가 보았다. 문 옆에 담비와 다람쥐, 사슴 등의 짐승들이 있었다. 여자가 말했다.

"그동안 타이가에 있는 아버지에게 다녀왔어요. 아버지가 이 짐승들을 주셨어요. 만일 형님이 깨우지만 않았더라면 저 짐승들은 다 우리 것이 됐을 거예요. 이제 저는 타이가로 돌아가야 해요. 짐승들을 다시 데려다주어야 해요."

산신의 딸은 떠났다. 사냥꾼이 그녀의 뒤를 따라갔다. 산신은 사냥꾼을 집에 가지 못하고 숲에서 살게 했다. 집으로 돌아가지 못하게 했다.

사냥꾼의 형은 굿을 하고 온 타이가를 뒤졌지만 동생을 찾지 못했다. 형은 거기서 굿을 했다. 마침내 형은 산신을 불러냈다. 형은 산신에게 동생에 대해 물었다. 산신은 아무 말도 하지 않았다. 샤먼은 다시 집으로 돌아왔다. 동생은 아직 돌아오지 않았다. 샤먼이 말했다.

"내가 산신에게 물어보았는데 모르더라."

형은 다시 자신의 수호신인 사슴과 함께 산으로 갔다. 사슴이 뿔로 산을 모두 파헤쳤다. 산신이 말했다.

"멈춰. 멈춰. 네 동생은 여기 있어. 그는 여기 살아."

그러나 산신은 사냥꾼을 놓아주지 않았다. 형은 집으로 돌아갔다.

사냥꾼의 전설 3

사냥꾼 둘이 사냥을 갔다. 그러나 그들은 한 마리도 사냥하지 못했다. 한 사냥꾼이 집에 돌아가자고 하자 다른 사냥꾼이 말했다.

"나는 여기 남을 거야!"

사냥꾼은 혼자서 타이가에서 살았다. 그는 발랄라이카[1)]를 만들었다. 그는 타이가에 머물면서 발랄라이카를 연주하고 이야기를 구연했다. 어느 날 그가 사냥에서 움막으로 돌아와 보니 음식이 차려져 있었다.

'누가 나를 위해 이런 음식을 차려 놨지? 아무도 없는데 어떻게 음식이 차려져 있지?'

저녁에 사냥꾼이 악기를 연주하고 있는데 문이 열렸다. 한 처녀가 들어왔다. 처녀는 그를 바라보더니 아무 말도 하지 않고 옆에 앉았다. 사냥꾼이 말했다.

"만일 당신이 사람이면 말을 하고, 사람이 아니면 행여 나에게 나쁜 짓을 할 생각일랑 하지도 마시오!"

사냥꾼은 다시 물었다.

---

1) 세 줄로 된 러시아의 민속 악기.

"음식을 차려 놓은 게 당신이오? 도대체 누구시오?"

"저는 산신의 딸이에요."

처녀는 사냥꾼과 함께 살았다. 처녀가 사냥꾼과 함께 사는 동안은 온갖 짐승이 풍부했다. 사냥꾼은 다람쥐, 갈까마귀 같은 짐승을 많이 잡아 왔다. 사냥꾼은 피곤한 줄 모르고 활을 쏘았다. 그렇게 그들은 함께 살았다.

어느 날 사냥꾼이 말했다.

"우유가 먹고 싶어!"

아침에 야생 염소가 왔다. 산신의 딸이 말했다.

"이제 우리가 먹을 우유가 생길 거예요. 자, 이제 우유를 드세요!"

어느 날 산신의 딸이 말했다.

"제가 이레 동안 잠을 잘 거예요. 제 곁에 오지 말고 저를 건드리지 마세요."

그녀는 사흘 동안 코를 골며 잠을 잤다. 그녀의 코에서 콧물이 흘러나와서 얼었다. 그녀는 엿새 동안 잠을 잤다. 엿새째 되는 날 사냥꾼은 그녀 코에 있는 얼음을 깼다. 그러자 그녀가 잠에서 깨어나 말했다.

"오빠에게 갔어요. 오빠가 우리에게 가축을 주었어요. 오빠에게서 내 몫의 가축을 받아 이리로 몰고 오는 길이었어요. 그 가축을 여기까지 거의 다 끌고 올 수 있었는데 그만 당신이 나를 깨웠어요. 이제 우리에게는 우리 몫의 가축이 없어요. 우리가 오빠에게 가야 해요."

사냥꾼과 산신의 딸은 출발했다. 술을 가지고 산으로 들어갔다. 여자의 오빠가 말했다.

"너희 몫은 없어. 이제 이 아이는 내 여동생도 아니고 네 아내도 아니다. 이제 너는 네가 온 길로 돌아가거라!"

사냥꾼은 자기가 살던 마을로 돌아갔다. 가족들이 말했다.

"살아 있었구나! 네가 여기서 떠난 지 3년이 됐어. 우리는 네가 죽었다고 생각했어!"

사냥꾼의 전설 4

한 남자가 사냥을 하러 갔다. 그는 항상 사냥하던 장소로 가서 하루 종일 사냥을 했다. 그는 저녁에 사냥꾼들이 기거하는 움막으로 돌아왔다. 음식이 차려져 있었다. 누가 차려 놓았는지 알 수 없었다. 아무도 없었다. 음식은 아주 맛있게 보였다. 그는 음식을 먹으려고 숟가락으로 조금 떴다. 그러다 생각했다.

'사람이 만든 음식이 아냐. 먹으면 무서운 일이 생기지 않을까?'

사냥꾼이 혼잣말을 했다.

"먹으면 위험해!"

그는 음식을 쏟아 버리려고 냄비를 들었다. 냄비를 들고 두 발짝을 옮겼다. 그러나 버리기 아까웠다.

"버리면 안 돼. 먹어야겠어!"

그는 음식을 먹으려고 다시 앉았다. 음식을 숟가락으로 조금 떠서 입으로 가져갔다. 남자는 다시 생각했다.

'사람이 만든 음식이 아니야. 먹으면 위험하지 않을까?'

음식을 쏟아 버리려고 다시 냄비를 들었고 이번에는 쏟아 버렸다.

다음 날 사냥꾼은 짐승을 잡으러 나갔다가 저녁에 움막에 돌아왔다. 또 음식이 차려져 있었다. 사냥꾼은 몹시 놀랐다. 수프가 기름지고 맛있어 보였다.

"설사 사람이 만들지 않았다고 해도 먹으면 어떻겠어?"

사냥꾼은 냄비를 들어서 식탁에 놓고 숟가락을 들었다. 수프를 조금 떠 입에 가져갔다. 그러나 그의 몸이 음식을 받아들이기를 거부했다. 사냥꾼은 곰곰 생각했다. 음식을 버리자니 아깝고 먹자니 무서운 생각이 들었다.

'어쩌지?'

사냥꾼이 혼잣말을 했다.

"어쩌긴 어째. 먹을 거야!"

다시 숟가락으로 수프를 조금 떠서 입으로 가져갔다. 그러나 또 내키지 않았다. 바로 냄비를 들고 땅바닥에 쏟아 버렸다. 그런 다음 사냥꾼은 직접 음식을 만들어 먹었다.

다음 날 사냥꾼은 생각했다.

'사냥하러 가야 하나? 아니면 집으로 돌아가야 하나? 어떻게 하는 게 더 나을까? 그래, 사냥하러 가는 게 낫겠어! 오늘은 해가 아직 있을 때 돌아와야지. 도대체 누가 음식을 만들어 놓는지 봐야겠어!'

그렇게 결론을 내리고 사냥꾼은 사냥을 하러 갔다.

아직 해가 높이 떠 있을 때 사냥꾼은 움막으로 돌아왔다.

수프가 또 끓여져 있었다. 참 이상한 일이었다.

"죽을 운명이면 이 수프를 먹어도 죽을 거고 먹지 않더라도 죽을 거야! 버리기는 아까워! 먹어야 해!"

사냥꾼은 그렇게 말하고 냄비를 들어 식탁에 놓고 숟가락으로 조금 떴다. 숟가락을 입에 가져갔다. 그런데 또 내키지 않았다. 수프를 쏟아 버리려고 냄비를 들었다. 세 발짝을 옮겼다. 그러나 버리기 아까웠다. 두 번 음식을 버렸는데 세 번째 음식을 먹는다고 무슨 일이 생길까 하고 사냥꾼은 생각했다. 사냥꾼은 다시 자리에 앉아 숟가락으로 수프를 조금 떴다. 숟가락을 입에 가져갔다. 그러나 역시 내키지 않았다.

"버릴 거야."

사냥꾼은 냄비를 가져가 쏟아 버렸다. 그렇게 사냥꾼은 그를 위해 만들어진 음식을 먹지 않았다. 그는 냄비를 씻어 차를 끓여 마셨다. 요를 깔고 담배를 피웠다. 팔꿈치를 대고 누웠다. 그렇게 누워 있는데 붉은 피부의 여자가 움막으로 들어왔다. 사냥꾼 예프렘은 그녀를 보자마자 짐작했다.

'할아버지들로부터 산신의 딸이 머리가 길고 가슴이 길다는 이야기를 들었어. 이 여자가 산신의 딸인 것이 분명해. 나는 지금 타이가에 혼자 남았는데 어떻게 그녀를 피해 달아나지?'

붉은 피부의 여자가 말했다.

"내가 사흘 동안 당신에게 음식을 만들어 주었는데 왜 먹지 않고 버렸어요? 어째서 아까운 음식을 버렸어요?"

사냥꾼 에프렘은 아무 말도 못 하고 누워 있었다. 여자가 다시 물었다.

"내가 만든 음식을 왜 버렸어요? 사흘 동안 당신에게 음식을 만들어 주었는데 먹지 않고 버리다니!"

에프렘이 말했다.

"누가 만든 건지도 모르는데 먹기가 무서웠어요. 그래서 버렸어요!"

에프렘은 그렇게 말한 후 의식을 잃었다.

얼마 후 에프렘이 깨어났다. 그는 요 위에 누워 있었다. 에프렘은 생각했다.

'내가 꿈을 꾼 건가?'

에프렘은 손으로 눈을 비비고 다시 주위를 둘러보았다. 붉은 피부의 여자가 불을 피우고 빵을 굽고 있었다. 불에는 찻주전자가 있었다. 자세히 집안을 둘러보니 모든 게 깨끗하고 하얗게 되었고 장식이 되어 있었다. 에프렘은 생각했다.

'꿈을 꾸고 있는 거야. 요에서 구르면 잠에서 깰 거야.'

에프렘은 굴렀다. 여자가 놀라 말했다.

"방금 눈뜬 사람이 취한 것도 아닌데 왜 굴러요?"

예프렘이 말했다.

"이리로 오고 싶어서 굴렀어요."

그는 속으로 생각했다.

'문 옆에 세면대가 있어. 거기 수건도 있지. 두고 봐! 만일 이게 꿈이라면 얼굴을 씻고 나면 사라질 거야.'

그는 얼굴을 씻었다. 여자가 화덕 옆에 있는 못에 걸어 놓은 수건을 가리켰다. 그는 얼굴을 수건으로 닦았다. 그는 담배를 피우기 시작했다. 누워서 담배를 피우며 생각에 잠겼다.

'꿈이 아니야. 산신의 딸이 분명해!'

여자는 빵을 굽고 식탁 위에 주전자를 올려놓았다. 만든 음식을 모두 식탁에 차렸다. 차를 부어 식탁에 놓은 후 예프렘에게 말했다.

"일어나 식사하세요!"

예프렘은 일어나서 먹기 시작했다. 산신의 딸도 옆에 앉아서 먹었다. 예프렘은 배부르게 먹었다. 여자가 말했다.

"당신과 나는 결혼했어요. 이제 당신은 내 남편이에요!"

그러고 나서 여자가 다시 말했다.

"나가서 소젖을 짜 올게요. 내 뒤를 따라오지 마세요!"

그녀는 양동이를 들고 밖으로 나갔다. 예프렘은 그녀 뒤를 따라가며 생각했다.

'무슨 소젖을 짜 온다는 거야? 봐야겠다.'

예프렘은 문을 활짝 열어 놓고 밖으로 나갔다. 밖에는 사슴들이 있었다. 여자는 사슴의 젖을 짰다. 사슴들은 예프렘을 보자 흩어져 달아났다. 여자가 넘어졌다. 미처 다 짜지 못한 젖이 양동이에서 쏟아졌다. 여자가 말했다.

"당신에게 집에서 나오지 말라고 말했잖아요! 왜 내 말을 듣지 않는 거예요?"

"몰랐어요!"

예프렘은 생각했다.

'이제 저 여자가 다가와 필시 나를 죽일 거야."

예프렘은 무서웠다. 여자가 다가왔다. 그러나 여자는 화를 내지도 않고 소리를 지르지도 않았다.

"괜찮아요. 저녁에 소들이 돌아오면 짤게요."

저녁이 되었다. 그들은 음식을 만들어 먹고 요를 깔고 잠자리에 들었다. 예프렘은 계속 생각했다.

'도망가려면 어떻게 해야 하지?'

여자를 속여야겠다는 생각이 들었다.

예프렘이 여자에게 말했다.

"집에 아주 중요한 물건이 있어요. 집에 가서 그 물건을 가져오지 않으면 나는 여기서 살 수 없을 거요!"

"집으로 가면 다시는 여기로 돌아올 수 없을 거예요!"

"왜 내가 돌아오지 않겠어요? 돌아올 거요! 집에 가서 잠도 자지 않고 이리로 돌아올 거요. 필요한 물건만 가지고 바로 이리로 돌아올 거요!"

여자는 예프렘의 말에 속아 넘어갔다.

"그렇다면 반드시 내일까지 돌아오세요! 거기서 머물지 마세요!"

다음 날 예프렘은 길 떠날 채비를 했다. 여자가 말했다.

"이 길로 가세요! 그러면 산을 넘거나 강을 건너지 않아도 될 거예요!"

예프렘은 그녀가 알려 준 길을 따라갔다. 정말 산을 오르거나 강을 건너지 않아도 됐다. 그가 사냥하러 왔을 때는 굉장히 멀게 느껴졌는데 여자가 알려 준 길은 정말 가까웠다.

예프렘은 집에 돌아와서 문을 열었다. 집에서는 낯선 냄새가 났다. 그는 그 냄새 때문에 집으로 들어갈 수가 없었다. 문을 다시 닫고 집 앞 계단에 앉아 잠시 생각했다.

'냄새 때문에 내 집을 들어갈 수 없다니.'

예프렘은 두 번이나 문을 열었다 닫았다 했다. 계속 낯선 냄새가 났다. 예프렘의 아내가 소리를 질렀다.

"왜 문을 열고는 들어오지 않고 다시 문을 닫아 버리는 거예요?"

예프렘의 아내는 남편이 집으로 들어오지 않고 다시 떠나려 하는 것을 보고는 남편을 따라가 울기 시작했다.

"우리를 버리고 어디로 가는 거예요?"

"여기 냄새가 너무 낯설어서 집으로 들어갈 수가 없어!"

예프렘의 아내는 동네 사람들을 불러 모았다.

"남편이 떠나지 못하도록 좀 잡아 주세요!"

동네 사람들이 예프렘의 뒤를 따라가서 잡아왔다. 예프렘이 오열하며 말했다.

"당신들 냄새를 참을 수가 없어!"

사람들이 예프렘을 강제로 집으로 데리고 왔다. 집으로 들어온 예프렘은 손수건으로 입을 막았다. 사람들이 물었다.

"어디서 그렇게 오랫동안 소식도 없었던 거요?"

예프렘은 그동안 있었던 일을 이야기하기 시작했다.

"산신의 딸이 나를 잡고 놓아주지 않았어요. 나는 거기서 사흘 있었다고 생각했는데 숲으로 떠난 지 3년이 됐다고 하더군요. 산신의 딸과 사는 동안 그 냄새에 적응이 됐나 봐요. 이제 여기 냄새가 낯설다니!"

동네 사람들은 모여서 상의했다.

"더 많은 사람을 모아 산신의 딸을 죽이러 갑시다. 거기 있는 재물을 다 가져옵시다!"

마을의 존경을 받는 아나나슈 노인이 사람들을 만류했다.

“산신의 딸은 모습을 드러내지 않을 거야. 설사 산신의 딸이 사는 숲을 발견하더라도 집을 볼 수는 없을 거야. 그녀는 절대 모습을 드러내지 않을 거야!”

결국 사람들은 노인의 말을 듣기로 했다. 숲에 가지 않기로 결정했다. 예프렘은 이틀 밤을 자고 난 후 집에서 나는 냄새에 적응했다. 예프렘은 몹시 기뻤다. 그는 타이가에 다시는 혼자 가지 않을 거라고 말했다.

오온강과 쿠그강

오온강은 서두르지 않고 조용히 흘렀다. 마치 호수처럼 찰랑거리며 누워 있었다. 쿠그강 역시 한곳에서 오온강과 만나려고 조용히 서두르지 않고 흘렀다. 쿠그강은 페트페네크의 다섯 호수가 된 채 누워 있었다. 딱따구리가 오온강에게 날아왔다.

"왜 여기 누워 있어요? 쿠그가 이미 만날 장소에서 기다리고 있어요."

딱따구리는 그렇게 오온을 속였다. 오온은 서두르기 시작했다. 고개를 지나 빨리 흘러 물살이 빠른 강이 되었다. 딱따구리가 쿠그강에게 다시 갔다.

"왜 여기 있어요? 오온은 벌써 만나기로 한 장소에 도착했어요."

쿠그는 페트페네크의 다섯 호수에서 출발했다. 오온과 쿠그는 만나기로 한 장소에서 만나지 못하고 투라산 밑에서 만났다.

오온과 쿠그가 딱따구리에게 말했다.

"우리를 속였지?"

오온과 쿠그는 그렇게 말한 후 딱따구리를 잡아서 바위

에 던졌다. 딱따구리 머리에서 피가 흘러 바위를 적셨다. 지금도 투라산 바위에는 딱따구리 머리에서 흘러나온 피가 보인다. 그런데 바이골강은 이미 떠난 강을 따라잡기 위해 물살이 빠른 강이 되었다. 토고노강과 티다자크강은 큰 강들이 가고 나면 가겠다고 말한 후 구불구불 흘렀다. 그래서 구불구불한 강이 되었다.

개와 고양이

신이 인간의 몸을 만든 후 개와 고양이에게 인간을 지키라고 앞에 세워 놓았다. 그리고 신은 인간의 영혼을 찾으러 갔다. 악마가 인간의 몸에 못된 짓을 하려고 왔다. 그러나 개와 고양이가 악마를 인간에게 다가가지 못하게 막았다. 그러자 악마가 개에게 말했다.

"너에게 따뜻한 털을 줄게. 그 털이 추위로부터 너를 보호해 줄 거야. 그리고 음식을 줄게. 너는 앞으로 굶주려 죽는 일이 없을 거야. 그러니 제발 인간의 몸을 보게 해 줘."

원래 개에게는 털이 없었다. 완전 벌거숭이였다. 반면에 고양이는 털로 덮여 있었다. 개는 굶주림과 추위가 싫어 악마를 들여보냈다. 악마가 인간에게 다가가자마자 개의 몸은 털로 덮였다. 개는 따뜻했다. 그래서 신이 내릴 벌에 대해서는 까맣게 잊었다. 악마는 인간에게 자신의 일을 했다. 인간의 몸에 침과 가래침을 뱉어 더럽게 해 놓아 보기가 민망할 정도로 만들어 놓았다. 그리고 자신을 들여보내려고 하지 않았던 고양이가 생각나자 다시 고양이에게 다가갔다. 고양이 입에 침을 하나 가득 뱉었다. 고양이는 목이 막혀 말을 하지 못했다.

신이 돌아와서 악마가 인간의 몸에 온통 침과 가래를 뱉어 놓은 것을 보았다. 신이 인간의 몸에 영혼을 넣을 때 몸에 붙어 있던 침과 가래가 인간의 몸 안으로 들어가게 되었다. 그렇게 악마의 침과 가래가 인간의 몸속에 들어갔다. 그래서 인간이 폐결핵에 걸리곤 한다. 악마의 침 때문에 고양이의 입은 불결해졌다. 개에게는 불결하고 냄새나는 털이 생기게 되었다. 대신 개의 입은 깨끗한 채로 남게 되었다.

킬리시 칸

옛날 옛적의 일이다. 산에 갈대가 무성했던 때였다. 강이 아주 큰 소리를 내며 흐를 때였다. 할바차크 칸에게 아주 힘이 센 용사 킬리시가 태어났다. 킬리시에게는 다양한 종족의 하인들과 다양한 색의 가축들이 있었다. 할바차크는 킬리시가 3년 동안 사냥을 할 수 있도록 식량을 충분히 준비해 주었다.

다음 날 아침 킬리시는 길을 떠났다. 사냥터에 도착해 거처할 숙소를 만들고 거기서 2년을 지냈다. 가족과 고향이 그리워졌다. 자신이 타고 다니는 말 디에렌에게 고향으로 돌아가고 싶다고 말했다. 디에렌 역시 고향이 그립고 돌아가고 싶다고 말했다. 다음 날 아침 킬리시는 식량과 짐을 싣고 집으로 향했다. 고향의 높은 산등성이에 올라 자신이 살던 마을을 보았다. 그가 살던 마을은 폐허가 되었고 집들은 어디론가 다 사라지고 없었다. 짖으며 반겨 주는 개도 없고 말과 소들도 다 사라지고 없었다. 그가 집 안으로 들어가자 책상 위에 편지가 놓여 있었다. 그는 편지를 읽기 시작했다. 편지에는 이렇게 쓰여 있었다.

"일곱 개의 하늘에 사는 강철 용사와 한 용사가 다 쓸어가 버렸다. 우리 뒤를 쫓지 마라. 우리를 찾지 않는 편이 더 나을 거다."

편지에는 또 다음과 같이 쓰여 있었다.

"네가 떠날 길도 없고, 네가 돌아올 길도 없을 것이다."

킬리시는 하늘을 보며 한탄했고 땅을 보며 오열했다.

"죽음을 무서워하면 그것이 과연 황금의 말이라 할 수 있겠는가? 죽는 것을 두려워하면 과연 진정한 남자라 할 수 있겠는가? 말이 쓰러지면 말갈기를 깔고 넘어질 거고, 가장 힘센 용사인 내가 넘어지면 그 자리에서 소매를 깔고 죽을 것이다. 복수하러 떠나지 않으면 나를 어떻게 킬리시라 부르겠는가? 늙은 아버지도 가엾고 늙은 어머니도 가엾다."

킬리시는 바로 추격하기 시작했다. 칸의 가축 떼를 끌고 가던 얼룩말은 킬리시가 가축 떼에게 다가가지 못하도록 날뛰기 시작했다. 킬리시는 두 용사를 쓰러뜨렸다. 킬리시는 아버지와 어머니가 붙잡혀 온 곳에 도착했다. 문 앞에는 말 두 마리가 매여 있었다.

안개가 자욱해지기 시작했다. 킬리시와 말은 작게 변했다. 킬리시는 1년 동안 전투를 준비했다. 1년 후 마침내 진격하러 떠났다. 견고한 갑옷을 걸치고 긴 검을 꽉 잡았다. 천둥소리 같은 고함을 질렀다. 강철이 부딪치는 것 같은 소리를 내며 앞으로 나갔다. 말을 말뚝에 매어 놓았다. 결코

열릴 것 같지 않게 생긴 육중한 문을 밀고 안으로 들어갔다. 두 용사가 식탁 앞에 앉아 있었다. 두 용사는 킬리시를 머리부터 발끝까지 훑어보았다.

"종족을 이끌고 영토를 통치하는 칸, 네가 직접 온 거냐?"

"종족을 이끌고 영토를 통치하는 칸인 내가 직접 왔다. 늙으신 아버지와 어머니를 모시러 왔다. 비쩍 마른 낙타 한 마리를 죽였다고 힘이 세다고 생각하지 마라. 이 비굴하고 바보 같은 자야."

"충분히 이야기를 나눈 후 맨주먹으로 싸우자."

그들은 일주일 동안 논쟁을 했다. 그 후 그들은 서로의 옷깃과 머리를 잡고 밖으로 나왔다. 평평한 곳으로 나왔다. 킬리시는 꽁꽁 언 땅을 발로 찼다. 무릎까지 빠졌다. 얼음이 녹은 땅을 발로 차자 허리까지 푹 빠졌다. 용사들 역시 격렬하게 싸웠다. 강철 용사는 킬리시를 이길 수 없을 것 같자 왼손을 들었다. 그러자 왼쪽에서 바람이 일었다. 오른손을 들자 오른쪽에서 바람이 일었다. 바람이 킬리시를 때리자 킬리시의 머리가 흔들렸고 종소리가 났다. 킬리시가 왼손을 들자 왼쪽에서 바람이 불었다. 꽉 쥔 주먹을 폈다. 강철 용사에게 일격을 가한 다음 용사의 목을 검으로 잘랐다. 다른 용사는 땅속으로 도망쳤다. 다시 강철 용사가 킬리시를 쫓아왔다. 두 사람은 말을 타고 칼싸움을 벌였다. 먼저 킬리시의 말이 칼에 찔렸다. 다음에 킬리시도 칼에 찔렸다. 킬리시는 강철 용사의 가축을 먹고 기운을 차려 용사의 가축과 전 재산을 다 몰수했다. 킬리시는 여러 가축을 데리고 집으로 향했다. 자신이 살던 마을로 돌아와서 평평한 장소를 찾아 아주 단단한 집을 지었다. 여섯 가축의 떼를 몰았다. 예순 개의 마을을 세웠다. 킬리시는 그 땅의 칸이 되어 잘살고 있었다.

어느 날 전령이 도착해서 말했다.

"일곱 용사가 칸의 삼촌 땅을 정복하려고 합니다."

킬리시는 말을 타고 출발했다. 삼촌이 한쪽 팔은 부러진 채 다른 쪽 팔로 싸우고 있었다. 킬리시는 주위를 살피고 귀를 기울인 후 말에서 내려 화살을 쏘았다. 화살이 다 떨어지자 칼로 싸우기 시작했다. 킬리시는 일곱 번 맴돈 후 다가가서 일곱 용사를 칼로 베었다. 일곱 용사의 가축과 재산을 몰수한 후 삼촌에게 주었다. 1년 동안 축하연이 열렸다.

"삼촌, 여기보다는 누추하지만 제게도 집이 있어요. 집에 가고 싶어요. 만일 제 땅에서도 큰 전쟁이 일어나면 연락할게요."

"편지를 보내면 내가 바로 도우러 가마."

킬리시는 삼촌과 여러 번 작별 인사를 하고 집으로 출발했다. 높은 산등성이에 올라 바라보았다. 백성들은 평온하게 사는 것 같았다. 가축은 새끼를 많이 낳았다. 그는 매우 기뻤다.

"어린 시절부터 전쟁을 해서 그런지 몹시 피곤해. 뼈가 아직 강해지기도 전에, 체격이 제대로 갖추어지기도 전에 이미 전쟁을 해서 두 용사를 죽였어. 이제 조금 쉬어야겠어."

킬리시는 그렇게 말한 후 평온하게 살았다.

델베겐

옛날 옛적 할아버지와 할머니가 살았다. 그들에게는 딸이 셋 있었다. 할아버지와 할머니가 일하러 나간 사이 델베겐은 딸들을 잡아먹고 싶어졌다. 세 처녀는 화덕에 불을 피우고 물을 끓였다. 끓는 물을 가지고 지붕으로 올라갔다. 델베겐은 할아버지 집에 와서 딸들을 찾기 시작했다. 델베겐이 델베겐이 위를 쳐다보자 처녀들은 그에게 끓는 물을 부어 버렸다. 세 딸은 집을 빠져나왔다. 그들은 부싯돌 두 개와 빗을 가지고 달아났다. 델베겐이 그들을 쫓아오자 부싯돌 한 개를 던졌다. 그러자 부싯돌은 바위로 변했다. 처녀들은 까치를 보았다. 까치가 델베겐에게 말했다.

"저기로 달아났어요."

델베겐이 다시 세 처녀를 거의 따라잡으려 할 때 처녀들은 두 번째 부싯돌을 던졌다. 돌은 아주 단단한 바위로 변했다. 까치가 처녀들 뒤를 따라 날아갔다. 까치가 델베겐에게 말했다.

"저기로 가세요."

델베겐은 까치가 말한 곳으로 갔다. 델베겐이 처녀들을 거의 따라잡으려고 하자 처녀들은 빗을 던졌다. 빗은 숲이 되었다. 까치가 처녀들 뒤를 따라갔다. 처녀들은 강에 도착했다. 델베겐도 곧 강에 도착했다. 델베겐이 몸을 비틀어 처녀들을 잡으려 했으나 그만 물에 빠졌다.

퉁구스

아주 오랜 옛날 한 나라에 세 형제가 살았다. 형제 중 둘은 결혼을 했고 하나는 결혼을 하지 않았다. 막내는 열두 살이었다. 세월이 흘러 형제는 그들의 땅을 떠나기로 약속했다. 준비를 다 끝냈다. 빵을 말렸다. 길을 떠날 채비를 다 했다. 그들이 사는 땅은 따뜻했고 눈이 오지 않았다. 땅에는 모든 것이 자랐다. 겨울의 추위도 없었다. 모든 종류의 열매들이 잘 익었다. 형제는 오래 살았던 이런 곳을 떠나기로 결정했다.

형제는 날이 밝자 길을 떠났다. 그들은 서쪽으로 갔다. 계속 걷고 또 걸었다. 한 달, 두 달, 석 달이 지났다. 형제는 울창한 밀림으로 갔다. 아직 밀림 속이었고 깨끗한 벌판까지는 아직 먼 것 같았다. 석 달이 거의 다 돼 갈 때쯤 형제들은 사흘 정도 쉬기로 결정했다. 하룻밤을 지내고 나서 그들은 그곳을 다시 한 번 둘러봐야겠다고 결심했다. 형제는 각자 다른 방향으로 흩어졌다. 막내만 남겨 두고 두 형은 가 버렸다.

형들이 간 후 꽤 시간이 흘렀다. 이미 정오가 다 되었다. 막내는 기다리고 또 기다렸다. 형들이 오나 눈을 크게 뜨고 보았다. 해가 이미 넘어갔다. 오늘은 형들이 안 올 것 같았다. 하루가 지났다. 자정이 돼도 두 형은 역시 돌아오지 않았다. 사람 소리는 전혀 들리지 않았다. 해가 다시 떠올랐다. 막내는 있는 힘껏 소리를 질렀다. 만일 형들이 길을 잃지 않았다면 그의 목소리를 듣고 올 거라고 생각했다. 희미한 소리조차 들리지 않았다. 이틀이 지나고 사흘이 지났다. 두 형은 돌아오지 않았다. 막내는 생각했다.

'나를 버렸나 봐. 이런 숲에서 어떻게 혼자 살지?'

막내는 혼자서 살게 되었다. 따분해지지 않으려면 일을 찾아야만 한다고 생각하고 일을 찾으러 갔다. 길을 잃지 않으려고 가는 데마다 나무에 자국을 새겨 놓았다. 그는 숲으로 갔다가 나무에 새겨진 것을 따라 다시 잠을 자는 곳으로 돌아오곤 했다. 사람은 하나도 없었다.

막내는 잠자는 곳에서 발을 멈췄다. 아무 소리도 들리지 않았다. 피리를 만들어서 불었다. 그는 생각했다.

'드디어 소일거리를 발견했어.'

그는 피리를 불기 시작했다. 산꼭대기에서 그에게 메아리가 화답했다. 맹수들조차 그의 피리 소리를 들었다. 그는 다양한 곡을 연주했다. 여러 짐승이 그에게 모여들었다. 짐승들은 피리 소리를 아주 좋아했다. 주변에 있는 짐승들이 와서 멈췄다. 일주일이 지나고 한 달이 지났다. 짐승들은 다시 흩어졌다. 막내는 생각했다.

'왜 내가 여기서 이러고 있지? 넘을 수 있는 산은 넘고, 건널 수 있는 강은 건너야겠다.'

그는 출발했다. 한 사람도 만나지 못했고 한 마리 짐승과도 마주치지 못했다. 그는 높은 산 정상에 올라서 바라보았다. 큰 강이 흐르고 있었다. 그는 산을 내려와서 강가로 갔다. 강 상류에 사람이 산다면 나뭇조각이 떠 있을 것이고, 사람이 살지 않으면 나무뿌리가 떠 있을 거라고 생각했다. 나뭇조각이 떠 있었다. 그는 생각했다.

'강 상류에 사람이 사는 것이 틀림없어.'

막내는 강가에서 사흘 밤을 잤다. 그는 피리를 불기 시작했다. 짐승들이 그의 발밑에 엎드렸다. 모든 짐승이 그에게로 왔다. 그는 강가에서 큰 연주회를 열었다.

"자, 내 말을 잘 들어. 너희는 사람이 다니지 않는 어두운 타이가를 돌아다녀. 너희는 사람들이 아무도 보지 못하는 것을 다 보고, 사람들이 아무도 듣지 못하는 것을 다 들어. 이 푸른 타이가에 무엇이 있는지 나에게 말해 줄래?"

뿔이 아홉 달린 사슴이 말했다.

"이 강을 따라 사람들이 지나갈 거야. 두 달 후 연기를 보고 올 거야."

두 달이 지났다. 강가에 큰 모닥불을 피웠다. 검은 연기가 자욱하게 올라왔다. 막내는 사람들이 배를 타고 강을 건너는 것을 보았다. 사람들은 연기를 보고 배를 세웠다. 막내는 사람들과 이야기를 나누었다. 그러나 언어가 달라서 서로 알아들을 수가 없었다. 뿔 여섯 개 달린 사슴이 그들과 이야기를 나누었다.

"사슴아, 어떤 사람들인지 말해 줘."

"이 사람들은 아홉 개의 강 하구로 가는 길이야. 네가 여기에서 살 수 없다면 이 사람들과 함께 가면 돼. 아홉 개의 강 하구에는 사람들이 많이 살고 있어. 거기 사람들은 행복하게 살아."

그는 사람들과 함께 아홉 개의 강 하구로 갔다. 거기에는 사람들이 많았다. 큰 종족이었다. 그는 생각했다.

'이 종족이 사는 곳을 다 돌아보고 거기에 무엇이 있는지 볼 수 있으면 좋겠다.'

갑자기 한 사람이 걸어왔다. 그를 닮은 사람이었다. 두 사람은 인사를 나누고 이야기를 했다. 그 사람이 물었다.

"어디 출신이니?"

"원래 저는 사막에서 자랐어요. 타이가에서 여기로 왔어요."

"나는 동생을 숲에 혼자 남겨 놓았는데 혹시 너 아니니?"

"네, 저예요. 숲에 혼자 남겨진 후 벌써 9년이 지났어요."

"내 동생이 틀림없구나. 우리 집에 가자. 네가 이미 죽었다고 생각했어. 그런데 살아 있구나. 너와 헤어진 후 우리는 길을 잃고 여기까지 오게 되었어."

세 형제는 다시 함께 살게 되었다.

"막내야, 강은 자기가 갈 길을 따라 흐르고 사람은 자신의 짝을 찾는 게 자연의 이치야. 너도 결혼을 해야 하지 않겠니?"

막내는 생각하다가 말했다.

"네, 결혼해야지요."

"그래, 훌륭한 아가씨가 있어. 그녀를 보러 가자."

그들은 아가씨를 보았다. 막내는 아가씨가 마음에 들었다. 아흐레 동안 잔치가 벌어졌다. 멀리 사는 사람들은 말을 타고 왔고 근처에 사는 사람들은 걸어서 왔다. 장님들은 서로 손을 붙잡고 왔다. 아흐레 동안의 결혼식 잔치에 말 아홉 마리를 잡았다. 결혼식에 온 사람들은 재미있게 놀고 악기를 연주했다. 사람들은 술을 계속 마셨다. 나무 밥그릇은 숟가락질로 구멍이 났다. 나도 결혼식에 가서 연주를 했고 아주 즐거웠다. 지금까지도 즐거움이 남아 있다.

엄마와 딸

엄마와 딸이 살고 있었다. 처녀는 열매를 따러 숲으로 갔다. 처녀는 열매를 다 딴 후 집으로 가는 길에 한 남자와 마주쳤다. 처녀는 남자에게 열매를 팔았다. 남자는 처녀에게 냄비를 하나 주었다. 물을 끓이고 죽도 끓일 수 있는 냄비였다. 처녀는 집으로 와서 엄마에게 말했다.

"어떤 남자에게 열매를 팔았어요."

엄마가 말했다.

"이런 빈궁기에 어쩌자고 열매를 다 팔았니?"

딸이 대답했다.

"그 남자가 냄비를 주었어요. 그 냄비가 죽을 준대요. 그래서 열매 대신 냄비를 가지고 왔어요."

처녀가 냄비에게 '끓어라, 끓어라' 하고 말하자 냄비는 끓기 시작했다. 다시 처녀가 말했다.

"이제, 멈춰."

그러자 냄비는 멈췄다.

처녀는 다시 열매를 따러 숲으로 갔다. 처녀가 엄마에게 말했다.

"물을 끓이고 싶으면 냄비에게 '끓어라, 끓어라 냄비야'라고 말하세요. 그러면 끓을 거예요."

처녀는 숲으로 갔다. 그런데 엄마는 냄비를 멈추게 할 수 없었다. 엄마는 딸에게 가서 물었다.

"'끓어라, 끓어라' 하고 말하니까 멈추지 않고 죽을 너무 많이 끓여 주는구나."

딸이 엄마에게 대답했다.

"그러면 냄비에게 '그만, 그만 냄비야'라고 말하세요. 그러면 멈출 거예요."

부자가 된 쿠지마

옛날에 쿠지마라는 이름의 남자가 살았다. 그는 입을 옷도 없을 정도로 가난했다. 어느 날 그는 짐승을 잡을 덫을 놓았다. 아침에 가 보니 덫에 여우 한 마리가 걸려 있었다. 쿠지마는 생각했다.

'여우의 털을 벗겨 팔아서 내 옷을 사야겠다.'

그런데 여우가 사람의 목소리로 말하기 시작했다.

"제발 저를 죽이지 마세요. 당신을 위해 일할게요."

쿠지마는 깜짝 놀라 다시 생각에 잠겼다.

'짐승이 어떻게 말을 하지?'

여우가 다시 말했다.

"제게 닭을 튀겨 주세요."

쿠지마는 여우에게 닭을 튀겨 주었다. 여우는 튀긴 닭을 다 먹고 나서 숲으로 가서 풀밭에 뒹굴었다. 그때 곰이 지나가다가 여우가 배가 볼록해서 계속 뒹굴뒹굴하는 것을 보고 여우에게 물었다.

"여우야, 어디서 그렇게 좋은 음식을 배불리 먹었니?"

여우가 말했다.

"칸의 궁전에서 먹었어. 칸이 아침에 또 오라고 하셨어.

또 갈 거야."

곰이 말했다.

"나도 데려가 줘."

여우가 말했다.

"네가 곰 마흔 마리를 데려오면 데려갈게."

곰은 숲 한가운데서 곰 마흔 마리를 발견했다. 여우와 곰은 마흔 마리의 곰과 함께 칸에게로 향했다. 여우와 곰 일행이 칸의 궁전에 도착했다. 여우가 말했다.

"쿠지마가 마흔 마리 곰과 함께 전하께 인사드립니다."

칸이 놀라서 물었다.

"쿠지마는 가진 게 아무것도 없을 텐데."

칸이 여우에게 말했다.

"어쨌든 곰들을 밭으로 데리고 가라."

여우는 곰들을 밭으로 데리고 가서 놔두고 왔다. 그 후 여우는 다시 쿠지마에게 와서 말했다.

"또 닭을 튀겨 주세요."

쿠지마는 여우에게 닭을 튀겨 주었다. 여우는 튀긴 닭을 맛있게 다 먹은 다음 숲으로 갔다. 그리고 풀밭에서 뒹굴뒹굴했다. 그때 배고픈 늑대가 지나가다가 여우가 뒹굴뒹굴하는 것을 보고는 물었다.

"어디서 그렇게 배부르게 잘 얻어먹었니?"

여우가 대답했다.

"칸의 궁전에서. 칸이 내일 아침에 또 오라고 하셨어. 아침에 또 갈 거야."

늑대가 말했다.

"여우야, 나도 데려가 줘."

"네가 늑대 마흔 마리를 데려오면 칸에게 데려갈게."

늑대는 숲으로 가서 어슬렁거렸다. 거기서 늑대 마흔 마리를 발견했다. 여우는 늑대 마흔 마리와 함께 칸의 궁전으로 출발했다. 여우가 궁전에 도착했다. 여우가 칸에게 말했다.

"쿠지마가 마흔 마리 늑대와 함께 전하께 문안드립니다."

칸이 말했다.

"알고 보니 쿠지마가 부자로구나."

칸이 다시 여우에게 말했다.

"늑대를 밭으로 데리고 가서 문을 잠가라."

칸은 쿠지마 집에 한번 가 봐야겠다고 생각했다. 칸은 말 세 마리를 마차에 맸다. 여우가 칸보다 먼저 뛰어갔다. 목동이 양을 치고 있었다. 여우가 물었다.

"누구 양을 치는 거예요?"

"고리니치 뱀의 양들을 치고 있어."

"만일 칸이 물으면 그렇게 말하지 마세요. 쿠지마의 양들을 치고 있다고 말하세요. 그렇게 말하지 않으면 칸이 여기에 불을 지를 거예요."

여우는 계속해서 앞으로 걸어갔다. 뱀의 집에 도착했다.

"빨리 숨어. 칸이 네 집을 불태우려고 해."

"여우야, 어디 숨어야 할까?"

"마당에 속이 텅 빈 나무가 하나 있어. 거기 들어가 있어."

뱀은 놀라서 나무 구멍으로 들어가 숨었다.

칸이 목동에게 물었다.

"누구 양을 치는 거니?"

목동이 대답했다.

"쿠지마의 양을 치고 있습니다."

칸이 뱀의 집에 도착했다. 여우가 나와서 말했다.

"오래 기다렸습니다."

칸과 쿠지마는 술을 마시기 시작했다. 두 사람은 이틀 동안 술을 마셨다. 사흘째 되는 날 여우가 쿠지마에게 말했다.

"쿠지마, 저 구멍 난 나무를 화살로 쏘세요."

쿠지마가 화살을 쏘자 뱀이 죽었다. 쿠지마는 늙을 때까지 오래오래 그 집에서 살았고 매일 여우에게 닭고기를 먹여 주었다.

바보 이반

칸이 살았다. 그에게는 아들이 셋 있었다. 맏아들의 이름은 표트르, 둘째의 이름은 바시카, 막내의 이름은 바보 이반이었다. 칸은 죽음을 앞두고 아들들에게 말했다.

"밤마다 차례로 내게 와서 보초를 서거라. 첫째 날에는 표트르, 둘째 날에는 바시카, 셋째 날에는 이반이 오너라."

그러나 두 아들은 오지 않았다. 형들은 이반더러 자신들 대신 보초를 서라고 말했다. 이반은 보초를 서러 갔다. 거기에 아버지가 서 있었다. 아버지가 이반에게 말했다.

"저쪽 산에 말이 한 필 서 있을 거다. 그 말이 네 말이니 그 말을 타고 달려라. 그런 다음 말이 있던 장소에 다시 가서 말에서 내려라."

날이 밝자 이반은 집으로 갔다. 형들이 물었다.

"어땠어?"

이반은 아무 말도 하지 않았다. 다음 날은 바시카의 차례였다. 바시카가 이반에게 말했다.

"나 대신 네가 갔다 와."

바보 이반은 일어서서 아버지에게로 갔다. 아버지가 이반에게 말했다.

"저기 강에 가면 회색 말이 하나 서 있을 거야. 네 말이니 그 말을 타 봐라."

바보 이반은 그 말을 잡아서 타다가 놓아주었다. 집에 돌아오니 형들이 물었다.

"뭐 했어?"

이반은 아무 말도 하지 않았다. 그다음 날에도 이반이 갔다. 아버지가 이반에게 말했다.

"이 말이 네 말이다."

이반이 집으로 돌아오자 형들이 물었다.

"왜 아무 말이 없니?"

하루는 위대한 칸이 사람들을 불러 모으기 시작했다. 그에게는 딸이 하나 있었다. 공주는 궁전 높은 곳에 비단 손수건을 걸어 놓고 말했다.

"이 손수건을 가져오는 남자와 결혼할 거예요."

그러자 표트르와 바시카는 위대한 칸에게 가기 위해 떠날 준비를 했다. 좋은 말에 안장을 얹었다. 바보 이반에게는 비리비리한 말이 주어졌다. 두 형이 떠나고 나서 바보 이반은 비리비리한 말을 타고 갔다. 게다가 말에 거꾸로 앉았다. 머리를 말의 꼬리 쪽으로 향하고 앉았다. 말은 얼마쯤 가다 죽어 버렸다. 바보 이반은 산으로 가서 검은 말을 잡아타고 달렸다. 이반은 두 형을 만났다. 그들 앞으로 달렸다. 이반은 칸의 궁전에 당도해서 높은 곳으로 올라가서 손수건을 가지고 내려왔다. 공주는 이반의 발에 칼로 상처를 내서 그 손수건으로 동여매 주었다. 바보 이반은 집으로 돌아왔다. 부뚜막에 가만히 앉았다.

다음 날 손수건을 가져간 사람을 찾았으나 그 사람은 나타나지 않았다. 위대한 칸이 말했다.

"사람들을 모두 모이게 하라. 노인이건 바보건 모두 불러 모으라."

바보 이반도 그 자리에 갔다. 신하들이 모인 사람들을 자세히 살폈다. 마침내 공주의 손수건을 지닌 자를 발견하고 공주에게 알렸다.

"찾았습니다."

공주가 말했다.

"이 사람이 내 남편이 될 거예요."

이반과 공주는 결혼해서 행복하게 살았다.

마시파라크

옛날 옛적에 집의 주인 마시파라크가 살았다. 마시파라크는 봄에 땅을 팠다. 델베겐이 마시파라크를 불렀다.

"마시파라크, 이리 와서 내 머리에 있는 이를 찾아 줘."

마시파라크가 델베겐에게 가서 머리에 있는 이를 찾아 죽이기 시작했다. 델베겐은 마시파라크를 붙잡아 가죽으로 된 자루에 넣었다. 그리고 마시파라크가 든 자루를 들고 갔다. 델베겐은 강가에 당도해서 자루를 잠깐 내려놓고 설치해 둔 그물에 걸린 물고기를 살펴보러 갔다. 그 사이에 마시파라크는 자루에서 나왔다. 그는 자루에 썩은 나무를 채워 넣었다. 그런 다음 자기 밭으로 가서 땅을 파기 시작했다. 그것도 모르고 델베겐은 자루를 다시 들고 집으로 갔다.

"마시파라크가 왜 이렇게 가볍지?"

집에 도착하자 델베겐의 딸들이 현관으로 나와 소리치기 시작했다.

"아버지가 가죽을 무두질하려고 백양나무 껍질을 가져왔네."

"무슨 소리야. 입 다물어. 마시파라크를 데려왔어."

델베겐은 자루를 열어 안을 보았다. 마시파라크는 없었

다.

"마시파라크, 두고 봐. 내일 다시 가서 너를 잡아 올 테다."

다음 날 델베겐은 다시 마시파라크에게 갔다.

"마시파라크, 이리 와서 머리에 있는 이를 잡아 줘."

"좋아."

마시파라크는 델베겐에게 가서 이를 찾기 시작했다. 델베겐이 마시파라크를 붙잡아 다시 자루에 넣었다. 델베겐은 어제의 그 장소에 와서 자루를 잠시 내려놓았다. 마시파라크는 다시 자루에서 나와 자루 속에 돌을 채워 놓았다. 델베겐은 자루를 들고 가며 말했다.

"왜 이렇게 무거워졌어!"

델베겐은 자루를 끌고 집으로 왔다. 딸들이 또 소리쳤다.

"부뚜막을 만들려고 아버지가 돌을 가지고 왔네."

"떠들지 마. 마시파라크를 데리고 왔어."

그러나 자루에는 역시 마시파라크는 없었다.

"두고 봐. 내일 다시 너에게 갈 거다."

다음 날이 되었다. 델베겐이 마시파라크에게 소리를 질렀다.

"마시파라크, 이리 와. 이를 찾아 줘."

마시파라크가 왔다. 델베겐은 다시 마시파라크를 붙잡

아 가죽 자루에 넣어 집으로 끌고 왔다. 딸들이 나왔다.

"이제 진짜로 마시파라크를 데리고 왔네요."

델베겐이 말했다.

"거 봐. 내가 장작을 패 올 테니 그동안 너희는 절대로 마시파라크를 풀어 주면 안 돼."

델베겐이 장작을 가지러 갔다. 그때 마시파라크가 딸들에게 말했다.

"나를 풀어 주면 너희에게 옛날 놀이를 가르쳐 줄게."

딸들이 그를 풀어 주었다.

"아버지의 칼이 어디에 있니? 가져와 보렴."

아이들은 아버지의 칼을 마시파라크에게 가져갔다. 마시파라크가 말했다.

"이제 한 줄로 서 봐."

딸들은 일렬로 늘어섰다. 마시파라크는 한 줄로 늘어선 딸들의 목을 베 침대 위에 늘어놓고 천으로 덮었다. 그리고 크고 검은 솥에 물을 끓이기 시작했다. 솥 바닥에 구멍을 뚫었다. 델베겐이 돌아왔다.

"흠, 흠, 어떻게 여기서 내 살 냄새가 나지? 마시파라크의 고기인데."

솥에서 고기를 꺼내 물론 먹었다.

"얘들아, 일어나. 마시파라크를 먹어야지."

그러나 아무도 일어나지 않았다. 델베겐은 침대로 가서 이불을 걷었다. 이불을 걷자 거기에는 딸들의 머리가 나란히 놓여 있었다. 델베겐이 소리쳤다.

"마시파라크, 너 어디 있는 거야?"

"여기야. 나무를 자르고 있어."

델베겐이 밖으로 나왔다. 마시파라크는 없었다. 다시 소리쳤다.

"도대체 어디 있는 거야?"

"여기 있어. 바닥에."

델베겐이 바닥으로 기어 들어갔다. 그러나 마시파라크는 기어 나와서 다시 집 안으로 들어갔다. 델베겐이 소리쳤다.

"도대체 어디야?"

"여기 있어."

델베겐이 바닥에서 나오려고 할 때 마시파라크는 델베겐에게 뜨거운 물을 부었다. 델베겐이 아파서 소리쳤다.

"마시파라크, 마시파라크, 어디로 가야 돼?"

"구부러진 사시나무 쪽으로 가서 문질러."

델베겐은 구부러진 사시나무로 가서 비볐다. 그러나 더 아팠다.

"마시파라크, 마시파라크, 어떻게 하면 덜 아플까?"

"모래가 있는 데로 가서 뒹굴어 봐."

델베겐은 모래사장으로 가서 뒹굴었지만 더 아팠다.

"마시파라크, 마시파라크, 어디로 가야 덜 아플까?"

"목에 돌을 묶은 다음에 물속으로 뛰어들어."

델베겐은 물속으로 뛰어들었다.

카라 몬기스

아주 먼 옛날 강이 큰 소리를 내며 흐르고 물을 국자로 풀 때, 여섯 일꾼이 살았다. 그들 중 카라 몬기스는 아주 부지런했다. 다섯 일꾼은 일하는 데서 카라 몬기스를 따라갈 수 없었다. 어느 날 그들은 한 부자에게 썰매를 만들어 주었다. 다섯 일꾼이 썰매 다섯 개를 만들었고 카라 몬기스는 하루에 썰매 여섯 개를 만들었다. 다섯 일꾼은 카라 몬기스가 돈을 많이 버는 것을 알았다. 그들은 카라 몬기스가 돈을 많이 버는 것이 못마땅했다. 그들은 카라 몬기스를 죽이기로 결심했다. 카라 몬기스는 그들의 계획을 미리 알게 되었다. 카라 몬기스는 자기 애마의 목을 잘라 그 피를 배에 부었다. 그리고 아내를 말에 묶었다. 다섯 일꾼이 카라 몬기스를 죽이려고 집에 왔다. 그런데 그들은 카라 몬기스가 집에 없자 어찌할 바를 모르다가 대신 아내가 묶여 있는 말의 배를 칼로 찔렀다.

그 후 카라 몬기스는 도시에 갔다가 돌아오는 길이었다. 돌아오는 길에 다섯 일꾼과 마주쳤다. 그들이 물었다.

"어디 갔다 오니?"

"도시에 갔다 오는 길이야. 죽은 아내를 팔고 왔어. 비단을 사 왔어."

다섯 일꾼은 생각했다.

'좋아. 도시는 부유한가 보다.'

그들은 자기 아내들을 죽여 도시로 끌고 갔다. 아무도 그들의 죽은 아내를 사지 않았다. 그들이 보니 카라 몬기스는 계속 더 부유해지고 있었다. 그들은 카라 몬기스를 물에 빠뜨리기로 결심했다. 그들은 카라 몬기스를 자루에 넣어 끌고 갔다. 잠시 자루를 내려놓고 얼음 구멍을 내러 갔다. 카라 몬기스는 자루에 누워 있었다. 꼼짝 않고 누워 있었다. 그때 사제의 아들이 왔다.

"왜 자루에 누워 있어요?"

"모든 걸 보지 않으려고."

사제의 아들이 말했다.

"나를 자루에 넣어 주세요."

사제의 아들이 자루를 풀고 카라 몬기스를 꺼냈다. 카라 몬기스는 사제의 아들을 자루에 넣고 묶었다. 다섯 일꾼이 왔다. 그들은 카라 몬기스 대신 사제의 아들이 들어 있는 자루를 물속에 던졌다.

다섯 일꾼이 길을 가다가 말을 타고 오는 카라 몬기스와 마주쳤다. 그들이 물었다.

"우리가 너를 물에 던졌는데 어떻게 나왔니?"

"물속에 들어갔는데 거기 검은 말이 있어서 타고 나왔어."

"그래? 그렇다면 우리도 물속으로 던져 줘."

다섯 일꾼이 그렇게 말하자 카라 몬기스는 일꾼들을 물속으로 던졌다. 그 후 부지런한 카라 몬기스는 더 잘살았다.

처녀 아이 코크

옛날 옛적 물이 거품을 내고 시냇물이 졸졸 흐르고 숟가락으로 피를 푸고 국자로 물을 푸던 시절 백해 연안에 아크 칸 노인이 살고 있었다. 노인은 할머니와 함께 셀 수 없이 많은 가축과 아주 많은 사람과 함께 살고 있었다. 어느 날 할머니가 말했다.

"영감, 마지막으로 사냥을 다녀오세요."

노인은 식량을 구입해서 자루에 넣고 시베리아의 타이가로 사냥을 떠났다. 노인이 사냥을 하는 동안 세월이 많이 흘렀다. 새끼를 낳은 짐승들의 털은 눈과 구별이 되지 않을 정도로 하얘져 버렸다. 노인은 저기 가서 사슴 예순 마리를 사냥했고 여기 와서 사슴 일흔 마리를 사냥했다. 노인은 사냥한 짐승을 매달고 집으로 출발했다. 집으로 돌아오는 길에 그의 연갈색 말이 멈췄다. 아크 칸이 말했다.

"무슨 일이니? 내 죽음을 예감하기라도 한 거야? 아니면 내 삶에 대해 무슨 예감을 한 거야?"

말이 말했다.

"주인님의 죽음과 삶에 대한 것이 아니에요. 잘 들어 보세요."

아크 칸이 말에서 내려 귀를 기울이니 아기 소리가 들렸다. 아크 칸은 다시 집으로 향했다. 집에 들어오자 아기 소리가 들렸다. 딸의 아기였다. 그가 아기를 잡으려 했으나 할머니가 아기를 만지지 못하게 했다.

"당신은 땀이 나서 손이 뜨거워요. 아기를 만지지 말아요."

몸을 식힌 후 다시 오니 할머니가 아기를 숨겼다. 할머니는 아기를 노인에게 보여 주지 않았다. 노인과 할머니는 서로 아기를 뺏으려고 싸웠다. 그러다가 한 사람은 문에 부딪혀서 죽고, 다른 사람은 의자에 부딪혀서 죽었다. 금빛 머리칼의 처녀 아이 코크는 울며 아버지와 어머니를 묻었다.

다음 날 아이 코크는 밖으로 나왔다. 그때 누군가가 지나가고 있었다. 한 남자가 아이 코크에게 다가왔다. 그는 지하 세계에서 온 체티 체예크였다. 남자가 아이 코크에게 말했다.

"네 아기를 내게 줘. 그러지 않으면 지하 세계에 사는 시빌다이의 아들 카라 몰이 너와 네 아기를 데려가서 죽일 거야. 내가 지하 세계에서 유일하게 살아 돌아왔어."

체티 체예크가 다시 찾아왔다. 아이 코크는 잠을 잔 후 밖으로 나갔다. 다시 그가 다가와서 말했다.

"아기를 줘."

아직 해가 뜨지 않았다. 금빛 머리칼의 아이 코크는 아무 말도 하지 않았다. 그러고 나서 아이 코크는 아기를 내주었다.

다음 날 아이 코크가 밖으로 나왔을 때 눈이 내렸다. 지하 세계에서 온 카라 몰이 집으로 들어오고 있었다.

"나는 중매쟁이 같은 오른쪽 다리와 신 같은 오른쪽 팔을 가지고 있지만 지금은 장사꾼으로 여기 왔다. 만일 일이 잘 되면 가축이 항상 잘 자랄 것이나 일이 잘못되면 돌로 된 아궁이를 부수고 차와 물을 다 부어 버릴 거다."

그는 술 두 통을 가져왔다. 열여섯 살의 아이 코크가 물었다.

"취하면 어떻게 하세요?"

카라 몰이 대답했다.

"취하면 앉은 자리에서 잠이 들어."

카라 몰이 처녀에게 물었다.

"너는 취하면 어떻게 하는데?"

"저는 취하면 노래하고 춤을 춰요."

열여섯 살의 아이 코크는 술을 마시지 않았다. 술을 땅에 부었다. 그러나 일부러 노래를 부르고 춤을 추었다. 카라 몰은 생각했다.

'저렇게 취했는데 어디로 도망가겠어?'

그는 마시기 시작했다. 그리고 잠이 들었다. 아이 코크는 뻐꾸기로 변해서 날아가 버렸다. 카라 몰이 잠에서 깼다. 아이 코크가 보이지 않자 카라 몰은 그녀를 뒤쫓았다.

"나를 피해서 하늘로 날아가진 못할 거야. 나를 피해 지하 세계로 내려가진 못할 거야."

아이 코크는 날아가다 검은 말 여섯 마리가 서 있는 것을 보았다. 한 마리는 땀에 젖어 있었다. 그녀는 말에게로 갔다. 오빠들 여섯이 앉아 있었다. 막내 오빠가 물었다.

"누구를 피해 도망가는 거니?"

"누구를 피해 도망가겠어요? 지하 세계의 카라 몰이 아니면."

여섯 오빠가 눈을 아래로 깔았다. 다시 눈을 위로 떴으나 여동생을 바라볼 수 없었다. 아이 코크는 다시 날아갔다. 여섯 오빠가 나가서 망을 봤다. 여섯 오빠는 여섯 개의 주먹을 합해 하나의 주먹을 만든 다음 지키기 시작했다. 카라 몰이 와서 말했다.

"너희가 먼저 나를 때려라."

여섯 형제가 카라 몰을 때렸다. 카라 몰은 자리에서 미동조차 하지 않았다.

"너희의 공격은 끝났다. 이제 내 공격을 기다려라."

카라 몰이 때리자 여섯 형제의 몸에서는 개가 먹을 피 한

방울도, 까마귀에게 줄 살 한 점도 남지 않았다. 다시 카라 몰은 처녀를 쫓기 시작했다. 아이 코크는 날아가다가 검은 말 다섯 마리를 보았다. 그들 중 한 마리가 땀이 나 있었다. 그녀는 아래로 내려갔다.

"아이 코크, 누구를 피해 도망가니?"

"누구를 피해 도망가겠어요? 지하 세계의 카라 몰을 피해 달아나는 거예요."

큰오빠가 말했다.

"나는 지하 세계에서 5년 동안 살았어. 그의 발자국은 귀가 여섯 개 달린 찻잔과 비슷해. 어떤 영웅인지 보고 싶어."

네 오빠는 아무 말도 하지 않았다. 다섯 오빠가 밖에 서 있었다. 카라 몰이 와서 말했다.

"먼저 공격해라."

다섯 오빠가 카라 몰을 때렸지만 그는 자리에서 꿈쩍도 하지 않았다.

"너희의 공격이 끝났으니 이번에는 내 차례다. 기대해라."

카라 몰이 오빠들을 공격하자 다섯 오빠는 죽었다. 카라 몰은 다시 출발했다. 아이 코크는 오오 탈라이 호수를 건넜다. 호수를 날아갈 때 깃털이 빠졌다. 호수 건너편에 집이 한 채 보였다. 아이 코크는 집으로 들어갔다. 아이 코크가 말했다.

"사악한 정령으로부터 달아나 드디어 다른 정령에게로 왔어."

'깨끗한 처녀' 차이아치가 물었다.

"아이 코크야, 왜 울고 있니?"

"왜 우냐고요? 지하 세계의 카라 몰을 피해 도망가고 있어요. 저를 도와줄 수 있으세요?"

차이아치는 카라 몰을 기다렸다. 마침내 카라 몰이 왔다. '깨끗한 처녀' 차이아치는 카라 몰과 맞붙어 싸우기 시작했다. 싸움 내내 카라 몰은 한 손으로 땅을 짚었다. 차이아치는 카라 몰을 높이 들어 올려 아래로 던졌다. 카라 몰은 땅 밑으로 사라졌다. 아이 코크는 '깨끗한 처녀' 차이아치 집에서 함께 살게 되었다.

세 형제

옛날 옛적에 세 형제가 살았다. 두 형은 똑똑했지만 막내는 바보였다. 두 형은 곡식을 심고 가축을 키웠지만 막내는 난로 옆에 앉아서 아무것도 하지 않았다. 한번은 형들이 막내에게 양을 치라고 보냈다. 양들이 달아나려고 하자 바보는 양들의 눈을 파내서 한곳에 모아 놓았다. 두 형이 와서 보니 눈을 잃은 양들이 한곳에 모여 있었다. 형들이 물었다.

"어떻게 된 일이니?"

"양들이 달아나려고 해서 내가 눈을 뽑아 버렸어,"

형들은 불같이 화를 내며 바보 동생을 때리기 시작했다.

"넌 도대체 무슨 짓을 한 거야?"

형들은 동생을 두들겨서 집으로 보냈다. 바보는 다시 아무 일도 하지 않고 난롯가에 누워 있었다. 얼마 후 형들은 다시 막내를 양을 치라고 보냈다. 바보 동생은 양을 몰고 강을 건너려고 했다. 그러나 양들은 강을 건너려고 하지 않았다. 바보는 생각했다.

'발이 물에 젖는 게 싫어서 그런가?'

바보는 칼을 들고 와서 양들의 발을 잘라 버렸다. 양들은 한군데 모여 있었고 어디에도 갈 수가 없었다. 두 형은 바보 동생이 양을 어떻게 치는지 보려고 왔다. 양들이 한군데 모여 있는 것을 보고 형들이 물었다.

"어떻게 한 거니?"

"양을 몰고 강을 건너려고 했어. 그런데 양들이 강을 건너지 않으려고 하더라고. 발이 물에 젖는 게 무서워서. 그래서 발을 다 잘라 버렸어."

형들은 동생을 다시 집으로 쫓아 보냈다.

얼마 후 형들은 동생에게 명절에 필요한 것을 사 오라고 도시로 보냈다. 바보 동생은 도시에서 찻잔과 소금, 숟가락, 냄비, 식탁을 샀다. 집에 돌아오는 길에 바보 동생은 타이가 숲에서 나무 그루터기를 보았다.

'이건 내 형들이야. 아마 모자 없이는 얼어 죽을 거야.'

바보는 그렇게 생각하고 그루터기에 냄비를 씌웠다. 계속 가다가 매가 소리치는 것을 들었다.

"배가 고픈가 보다."

바보는 그렇게 말하고 찻잔에 귀리를 넣어 놓았다. 그는 걸어가면서 생각했다.

'네 다리를 가진 말은 걸어가는데 어째서 네 다리를 가진 식탁이 걸어가지 않을까?'

그렇게 생각한 바보 동생은 식탁을 길에 세워 놓고 말했다.

"내 뒤를 따라와."

바보 동생은 계속 걸어갔다. 강이 있었다. 강에서 말에게 물을 먹이려고 했으나 말은 물을 먹으려고 하지 않았다. 소금이 없어서 물을 먹지 않는다고 생각한 바보는 강에 소금 한 자루를 뿌렸다. 말은 역시 물을 먹으려 하지 않았다.

"왜 물을 마시지 않니?"

바보는 그렇게 말하며 말의 머리를 지팡이로 때렸다. 말은 죽었다. 바보는 나머지 물건을 싣고 집으로 향했다. 집에 돌아오자 형들이 물었다.

"바보야, 무엇을 사 왔니?"

"전부 샀어."

바보는 이야기했다.

"형들이 모자 없이 얼어 죽을 것 같아서 냄비를 나무에 씌워 줬어. 식탁은 스스로 걸어오고 있어. 말이 강물을 마시지 않아서 강물에 소금 간을 했고 귀리는 매에게 먹으라고 줬어."

"당장 가서 물건들을 가져와."

바보는 냄비 바닥을 두들겨 지팡이 위에 얹어 가지고 왔다.

'저 바보를 어쩌지?'

형들은 바보 동생을 죽일 생각을 했다. 바보 동생을 자루에 넣어 물에 던지기로 계획을 세웠다. 형들은 동생을 넣은 자루를 강가에 세워 놓고 얼음 구멍을 살피러 갔다. 바보는 자루 속에서 세 마리 말이 끄는 마차를 타고 가는 사람 소리를 들었다. 그 사람이 말했다.

"무슨 자루인데 여기 있는 거지?"

바보가 말했다.

"다리가 아파서 누워서 치료하고 있어요."

그는 사제의 아들로 역시 다리가 아픈 사람이었다.

"나도 치료해 줘요."

바보가 말했다.

"자루에 와서 누워요."

바보는 사제의 아들을 자루에 넣고 단단히 묶은 후 말을 타고 달아났다. 두 형이 와서 자루를 물속에 던졌다. 두 형은 집으로 가는 길에 바보 동생이 말을 타고 가는 것을 보았다. 형들이 동생에게 물었다.

"말이 어디에서 났니?"

"아, 형들이 나를 물에 던져서 참 잘됐어. 거기에 아버지의 말들이 있었어. 내가 세 마리만 끌고 왔어."

"우리도 물에 던져 줘. 우리도 말을 끌고 오고 싶어."

바보는 두 형을 물에 던졌다. 형들이 가라앉는 소리가 들렸다. 그리고 바보 동생은 말을 타고 집으로 가서 부자로 살았다.

투발라르 설화

알틴 콜과 알틴 투우

아주 먼 옛날 알타이인은 다른 민족과 따로 떨어져 살았다. 다른 민족과 교류가 없었다. 그들은 그런대로 아주 만족하며 잘 살았다. 카드리스란 이름의 아주 힘이 넘치고 활달한 여자가 알타이를 다스렸다. 알타이인들 사이에서 산기슭 초원 지대에 이민족이 이주해서 사는데 아주 부유하게 잘산다는 소문이 돌았다.

한번은 알타이에 소나기구름이 몰려왔다. 수년 동안 흉작이 계속됐다. 끔찍한 기근이 닥쳤다. 알타이의 통치자 카드리스는 이 심각한 상황을 벗어날 수 있는 방안을 협의하기 위해 알타이의 훌륭한 사람들을 다 불러 회의를 했다. 여러 가지 제안이 나왔다. 그러나 카드리스의 마음에 들지 않았다. 모두 실현 불가능한 것들이었다. 카드리스는 있는 금을 다 모으고 알타이의 힘세고 훌륭한 사람들을 모아 식량을 마련하기 위한 원정대를 창설할 것을 제안했다. 모두 그녀의 제안에 찬성했다. 카드리스가 직접 원정대를 지휘했다. 카드리스는 소문 속의 초원 지대로 가서 그곳 주민들이 곡식을 경작하는 것을 확인하고 싶었다.

원정대는 울창한 타이가를 통과하고 험준한 산과 세찬

강을 넘었다. 마침내 카드리스는 원정대를 이끌고 드넓은 초원 지대에 도착했다. 실제로 그곳에 사는 사람들은 농사를 짓고 가축을 치고 살고 있었다. 원정대는 그들이 온 목적을 말했다. 그러나 그곳 주민들의 대답은 놀라웠다. 그들도 수년째 심각한 기근을 겪고 있다는 것이었다. 원정대는 슬퍼하며 식량을 찾아 다시 출발했다. 원정대는 아주 오랫동안 식량을 찾아다녔지만 식량을 얻을 수가 없었다. 길을 가는 데 필요한 식량만 구했을 뿐이었다. 카드리스는 금이 모든 힘과 가치를 잃어버렸다고 확신했다. 굶주림에 기력을 잃은 원정대는 집으로 돌아가기로 했다. 원정대가 호수 옆을 지나고 있었다. 알타이의 통치자는 호수를 둘러보기로 결심했다. 원정대는 마지막 남은 힘을 쓸데없는 데 쓰지 말자고 만류했다. 사람들의 끈질긴 설득에도 카드리스는 고집을 부렸고 호수 쪽으로 다가갔다. 그녀는 산을 올랐다. 거대한 바위에 둘러싸인 큰 계곡에 있는 조용한 호수의 경치에 매료되었다. 호수의 파란 물에 카드리스의 얼굴이 비쳤다. 카드리스는 금을 가지고 물에 뛰어들었다. 뛰어들기 전에 카드리스는 슬프게 말했다.

"도대체 금이 무슨 소용이 있단 말인가? 금으로 내 백성을 위한 식량 한 줌도 살 수가 없으니!"

그때부터 산의 이름은 알틴 투우(황금 산), 호수의 이름은 알틴 콜(황금 호수)로 불리게 되었다.

카라티 칸

옛날에 뿔이 난 검은 말을 가진 칸이 살았다. 그때 유명한 도둑이 있었다. 그의 이름은 사바르카였다. 칸이 사바르카를 불러 말했다.

"사바르카, 네가 아주 유명한 도둑이라고 들었어. 내가 말을 헛간에 넣고 문을 자물쇠로 잠글 거야. 네가 밤에 그 말을 훔칠 수 있겠니? 만일 훔치지 못하면 네 목을 칠 거다."

사바르카가 대답했다.

"괜찮아요. 훔칠 수 있어요. 만일 제가 훔치지 못하면 저를 죽이세요."

저녁에 카라티 칸은 뿔이 난 말을 헛간에 가두고 자물쇠로 잠갔다. 그리고 병사 다섯을 보초로 세웠다. 칸은 병사들에게 말했다.

"사바르카가 말을 훔치러 어떤 모습으로 올지 모르니 누구든 나타나면 목을 베어라."

그렇게 말한 후 칸은 한 병사에게 헛간의 열쇠를 주었다.

밤이 되어 병사들은 보초를 섰다. 사바르카가 헛간에 와서 살펴보았다. 그는 생각에 잠겼다.

'어떻게 말을 훔친담?'

사바르카는 조용히 궁전 문으로 다가가서 귀를 기울였다. 칸은 잠들어 있는 듯했다. 사바르카는 궁전 안으로 들어가 칸의 침상으로 다가갔다. 칸은 곤히 자고 있었다. 사바르카는 칸의 옷을 입고 모자를 쓰고 칸의 검을 허리에 찼다. 칸처럼 차려입었다.

사바르카는 술을 들고 병사들에게 가서 말했다.

"사바르카는 왔니?"

"아니요, 아직 오지 않았어요."

그러자 사바르카는 마치 칸처럼 말했다.

"이제 자정이 지났으니 그는 오지 않을 거야. 너희는 이 술을 마시고 잠자리에 들도록 해라."

병사들은 술을 다 마시고 취해서 옆으로 쓰러져 뒹굴었다. 그러자 사바르카는 한 병사가 가지고 있던 열쇠를 가지고 가서 헛간 문을 열었다. 말을 헛간에서 끌고 나와 수레에 매고는 등을 구부린 채 말을 타고 헛간을 빠져나왔다. 사바르카는 병사들에게 몸조심하라고 말하고 말을 타고 유유히 떠났다.

아침이 밝았다. 카라티 칸이 일어나서 밖으로 나왔다. 헛간을 보니 문이 열려 있었다. 병사들은 엎드려 자고 있었다. 칸이 말했다.

"너희 뭐 하는 거야? 말은 어디에 있느냐? 사바르카가 말을 훔쳐 달아났는데 너희는 자고 있었단 말이냐?"

병사들이 일어나서 말했다.

"전하, 전하께서 저희에게 마시라고 술 한 병을 들고 오셔서 저희는 마시고 잠이 들었습니다."

칸은 무척 화가 났다.

"너희는 어떻게 나와 사바르카를 구별할 줄 모른단 말이냐? 사바르카의 목 대신 너희 목을 베야겠다!"

칸은 병사들을 궁전으로 끌고 와서 목을 베어 버렸다.

노인과 노파

옛날에 노인과 노파가 살았다. 그들에게는 암탉과 수탉이 있었다. 두 노인은 따로 살게 되었다. 그러자 노파가 노인에게 말했다.

"나는 암탉이 필요해요."

노인이 말했다.

"나는 수탉이 필요해."

노인은 한 부잣집에 갔다. 거기에 부자가 혼자 살고 있었다. 그때 수탉이 문으로 날아가서 소리치기 시작했다.

"꼬꼬댁."

부자가 말했다.

"무슨 일이냐?"

하녀가 수탉을 붙잡아 우물에 앉혔다. 우물 뚜껑을 열어 놓아 수탉이 밖으로 나와 문에 앉아서 다시 소리치기 시작했다.

"꼬꼬댁."

그러자 하녀는 다시 수탉을 잡아서 돈을 넣어 두는 상자에 넣었다. 얼마 후 하녀가 상자 뚜껑을 열자 수탉이 날아가 버렸다.

수탉은 노인 집으로 날아와서 꼬꼬댁거리기 시작했다.

“문을 열어 주세요!”

노인이 문을 열어 주자 수탉은 바로 알을 낳았다. 수탉은 이불에 알 대신 돈 한 다발을 낳아 떨어뜨렸다. 노인은 노파에게 수탉이 돈을 낳았다고 말했다. 그러자 노파가 말했다.

“내게 돈을 좀 나눠 줘요. 그러면 당신에게 달걀을 줄게요.”

노파는 암탉에게 돌아가자고 말했다. 노파는 암탉을 헛간에 가두었다. 암탉은 헛간에서 분뇨를 먹은 후 알을 낳으려고 왔다. 노파는 기뻐서 이불을 깔아 주었다. 암탉은 알 대신 분뇨만 가득 쌌다. 그러자 노파는 암탉의 목을 잘라 버렸다. 그리고 노파는 이불을 걷어 버렸다.

세 형제

아주 오랜 옛날 세 형제가 살았다. 큰 형의 이름은 안치, 둘째 형의 이름은 오침, 막내의 이름은 이반이었다. 세 형제는 늙은 부모와 어린 망아지와 함께 살았다. 하루는 큰형과 둘째 형이 산으로 사냥을 하러 갔고 이반은 장작과 약초를 구하러 나갔다. 이반은 두 살 난 망아지를 타고 오른쪽으로 난 길을 따라 장작을 구하러 갔다. 이반은 말을 시냇가에 묶어 놓고 장작을 패러 산으로 올랐다. 이반이 나무를 많이 한 다음 산을 내려와 보니 곰이 자신의 말을 잡아먹어 버렸다. 이반이 말 대신 곰을 부리며 말했다.

"네가 내 말을 죽였으니 이제 네가 나무를 실어 날라야 해."

이반은 전에 잘라 온 나무를 가져가지 않고 다른 나무를 잘라 가져갔다. 이반이 썰매에 다섯 개의 나뭇짐을 올려놓자 곰이 집으로 끌고 갔다. 그들은 집에 도착했다.

이반은 짐을 내려놓고 곰을 묶은 후 곰 앞에 풀을 가져다 놓았다. 곰은 가만히 서 있었고 풀을 먹지 않았다. 이반이 채찍으로 곰을 때렸다.

"풀을 먹지 않으면 도대체 뭘 먹을 거니?"

이반은 집으로 들어갔다. 부모님에게는 곰이 말을 잡아먹었다는 말을 하지 않았다. 조금 후 이반의 어머니가 밖으로 나가 돌아오지 않았다. 이반이 밖으로 나가 보았다. 곰이 어머니를 잡아먹은 것을 알게 되었다. 곰은 어머니를 한쪽 다리만 남긴 채 다 먹어 치웠다. 이반은 다시 곰을 때렸다. 그리고 이반은 집으로 들어갔다. 아버지에게 곰이 어머니를 잡아먹었다고 말하지 않았다. 조금 후 아버지가 밖으로 나가더니 돌아오지 않았다. 다시 이반이 밖으로 나가 보니 곰이 아버지를 잡아먹었다. 그러자 이반은 곰을 죽였다.

"너는 내 유일한 말과 내 아버지와 어머니도 잡아먹었다. 그에 대한 벌로 네 가죽을 벗겨 요를 만들고, 네 살은 까마귀와 까치의 밥이 되게 할 것이다."

그렇게 해서 이반은 집에 혼자 남게 되었다. 아버지도 어머니도 말도 다 죽었다.

산으로 갔던 두 형, 안치와 오침이 돌아왔다. 아버지와 어머니는 없고 막내 이반이 혼자 있었다. 안치와 오침은 이반에게 아무것도 묻지 않았다. 그들은 비밀스럽게 서로 의논했다.

"저 무도한 이반이 아버지와 어머니, 그리고 우리의 말을 죽인 게 틀림없어. 이제 우리도 죽일 거야. 그를 피해 달아나야 해. 그러지 않으면 우리가 죽을 거야."

두 형제는 달아났다. 연한 갈색에 누런 반점이 있는 말을 가지고 있는 칸출타이 용사가 두 형제를 바위로 눌러 놓았다.

이반이 자라서 성인 남자의 머리와 힘을 가지게 되자 두 형처럼 집을 떠났다. 그가 길을 가는데 신음 소리가 들렸다. 소리가 나는 곳으로 가서 살펴보니 안치와 오침이었다. 이반은 두 형을 바위 밑에서 꺼내 주었다. 그렇게 세 형제는 산과 바위를 따라 함께 걸어갔다. 셋은 아이미르산에 도착했다. 이반과 안치는 그곳에 거처를 짓기로 했다. 오침이 나무를 주워 왔다. 다음 날 아침 오침과 이반은 사냥을 하러 갔다. 두 사람은 그날 밤에 돌아오지 않았다. 안치 혼자 집에 남아서 죽을 끓이고 있었다. 죽이 다 완성되었을 때 턱수염이 길게 난 노인이 왔다. 노인은 안치에게 양해도 구하지 않고 죽을 먹기 시작했다. 안치가 노인에게 말했다.

"할아버지, 도대체 뭘 하는 거예요?"

안치는 노인을 붙잡았지만 노인은 안치의 손을 뿌리치고 죽을 다 먹어 치웠다. 그런 다음 노인은 떠났고 안치는 다시 죽을 끓였다. 그러나 죽이 끓기 전에 사냥을 갔던 이반과 오침이 돌아왔다.

"왜 죽이 설익었지? 형, 잠들었었지? 그렇지?"

그러나 안치는 노인이 와서 끓인 죽을 다 먹었다고 말하지 않았다. 오침이 말했다.

"내일은 내가 죽을 끓여 놓을게. 사냥에서 돌아올 때까지 죽을 끓여 식혀 놓을게."

다음 날 아침 안치와 이반은 사냥하러 나갔다. 오침이 죽을 끓이자 그 노인이 왔다. 그리고 전처럼 아무 말도 없이 죽을 다 먹었다. 그러자 오침이 노인에게 말했다.

"할아버지, 말도 없이 우리 음식을 먹는 법이 어디 있어요?"

오침이 그렇게 말한 후 노인을 잡았지만 노인은 뿌리쳤다. 그리고 가 버렸다. 오침은 다시 죽을 끓이기 시작했다. 사냥을 나갔던 이반과 안치가 돌아왔다. 이반이 오침에게 물었다.

"왜 죽이 다 끓지 않았어? 잠잘 시간은 없었을 텐데. 어쨌든 형들, 내일은 내가 죽을 끓여 놓을게."

다음 날 안치와 오침이 사냥을 하러 나갔다. 이반이 죽을 끓이고 있는데 노인이 또 왔다. 노인은 이번에도 쏜살같이 와서 아무 말도 없이 죽을 먹기 시작했다. 그러자 이반이 말했다.

"할아버지, 뭐 하는 거예요? 왜 아무 말도 없이 남의 음식을 먹는 거예요?"

이반은 노인의 목덜미를 잡고 끌고 나와 집의 벽에 세우고 수염으로 묶어 놓았다. 노인의 발은 땅에 닿지 않았다. 노인의 수염이 벽에 찰싹 달라붙어 몸을 꽉 조였다.

죽은 다 식었다. 사냥을 나갔던 두 형이 돌아오고 있었다. 두 형은 그동안 있었던 이야기를 서로 주고받았다. 안치가 말했다.

"한 노인이 내 팔을 뒤로 꺾고 내가 끓인 죽을 다 먹었어."

오침도 말했다.

"그 노인이 내 발을 꺾고 내가 끓인 죽을 다 먹었어. 이반은 어떻게 죽을 끓일까?"

두 형이 돌아오자 이반이 물었다.

"이런 죽이 있어야만 했어. 그런데 형들, 어제와 그제 우리 집에 손님이 오지 않았어?"

안치와 오침이 말했다.

"노인이 왔었어. 노인은 우리 팔을 꺾고는 우리가 끓인 죽을 다 먹었어."

이반이 말했다.

"형들에게 그 노인을 데려다 놓을까?"

"그럼, 데려와 봐!"

그러자 이반은 밖으로 나가 지붕으로 올라가더니 노인의 수염을 잡고 끌고 와서 두 형 앞에 데려다 놓았다. 안치와 오침은 노인을 때리기 시작했다. 노인의 두 눈이 땅으로 떨어졌다. 두 눈은 어디에도 없었다.

그 후 이반은 결혼해서 잘 살았다. 이반은 결혼한 후 두 형과 떨어져 살았다. 어느 날 이반이 사냥을 나갔고 형들 역시 사냥하러 갔다. 두 형은 모의했다.

"이반을 죽이고 그의 아내를 차지하자."

이반이 하룻밤을 산에서 잔 다음 돌아오는 길이었다. 안치와 오침은 이반을 죽이려고 길에서 기다렸다. 이반은 그들의 음모를 눈치채고 두 형을 향해 먼저 화살을 쐈다. 두 형은 이반을 죽일 수 없었다. 이반이 먼저 두 형을 죽였다.

오스큐스 오올로크

아주 먼 옛날 고아 소년 오스큐스 오올로크가 살았다. 그는 땅을 갈고 김을 맸다. 그에게 곰이 다가와서 물었다.

"오스큐스 오올로크, 너 여기서 뭐 하니?"

"김을 매고 있어."

곰도 같이 김을 매기 시작했다. 오스큐스 오올로크가 밭을 갈고 김을 다 매고 나서 집으로 돌아갔다. 다음 날 소년은 풀을 베려고 밭으로 갔다. 곰이 또 나타나서 물었다.

"너 뭐 하니?"

"풀을 베고 있어."

"내가 도와줄게."

그들은 같이 풀 베는 일을 끝냈다. 소년은 풀을 단단히 묶어 놓은 후 집으로 돌아왔다. 곰은 산으로 돌아갔다. 오스큐스 오올로크는 곡식을 빻기 시작했다. 곰이 또 왔다. 곰이 소년에게 뭐 하냐고 또 물었다. 소년이 곡식을 빻는다고 말했더니 곰은 소년을 도와 곡식을 다 빻았다. 오스큐스 오올로크는 귀리 가루 한 양동이를 기름에 섞어서 곰에게 주었다. 곰은 귀리 가루를 다 먹은 후 말했다.

"이렇게 맛있는 음식은 처음 먹어 봐. 그런데 너는 이 음식보다 더 맛있을 것 같아. 너를 잡아먹을 테야."

고아 소년은 울음을 터뜨렸다.

"저녁이 될 때까지 기다려 줘."

오스큐스 오올로크는 하루 종일 다니면서 울어 댔다. 여우가 와서 소년에게 물었다.

"왜 우니?"

"내가 곰에게 기름을 넣은 귀리 가루를 한 양동이 주었어. 곰이 그것을 다 먹고서는 내가 더 맛있을 거라며 나를 오늘 잡아먹을 거라고 했어."

여우가 소년에게 말했다.

"빨리 가서 썰매를 만들어."

소년은 집에 가서 썰매를 만들기 시작했다. 소년을 잡아먹으려고 곰이 왔다. 곰이 물었다.

"뭘 만드는 거야?"

"썰매를 만들고 있어."

여우가 다시 와서 물었다.

"썰매는 다 만들었니?"

소년이 대답했다.

"조금만 더 만들면 돼."

여우가 다시 소년에게 물었다.

"네 옆에 앉아 있는 게 누구니?"

곰이 소년에게 말했다.

"나라고 말하지 말고 나무 그루터기라고 해."

여우가 물었다.

"썰매를 다 만들었니?"

"다 만들었어."

여우가 말했다.

"그 나무를 패 버려."

곰이 조용히 소년에게 말했다.

"도끼로 나를 찍지 말고 내리치는 척만 해."

여우가 다시 왔다.

"그 나무를 썰매 위에 놓아."

곰이 소년에게 말했다.

"나를 잡는 척만 해. 내가 알아서 썰매에 누울게."

고아 소년은 곰을 썰매 위에 놓았다. 여우가 다시 와서 물었다.

"나무를 썰매에 놓았니? 그러면 끈으로 묶어. 이제 도끼로 머리를 때려."

곰이 소년에게 조용히 말했다.

"나를 도끼로 치는 시늉만 해. 내가 알아서 썰매를 내리칠게."

고아 소년은 힘껏 곰의 머리를 도끼로 내리쳤다. 곰은 죽었다. 여우와 소년은 곰을 죽인 후 곰의 고기를 나누어 먹었다.

아크 표스 쿠우르친

아주 먼 옛날 아크 표스 쿠우르친이 살았다. 그는 아크 칸의 아들이었고 그의 삼촌은 에르케 몬듀였다. 하루는 아크 표스 쿠우르친이 카라투 칸의 딸을 아내로 데려오려고 길을 떠났다. 아크 표스 쿠우르친이 말을 타려고 하자 구름이 태양을 가렸다가 구름이 걷혔다가 했다. 그러자 그의 어머니가 탄식했다.

"협곡에 늑대 서른 마리가 있어. 길은 있지만 너는 길을 잃게 돼. 그 협곡에서 카라투 칸의 늑대가 너를 잡아먹을 거야. 제발 카라투 칸의 딸을 데려오지 말거라."

아크 표스 쿠우르친이 어머니에게 말했다.

"제 은회색 말이 카라투 칸의 늑대들을 앞발로 때리고 두 뒷발로 세게 차서 죽일 거예요. 아버지가 정해 준 약혼녀인 카라투 칸의 딸을 아내로 데려올 거예요. 안심하세요."

어머니는 다시 말했다.

"산에 곰 예순 마리가 있어. 얘야, 너는 길을 잃게 될 거고 카라투 칸의 곰들이 너를 죽일 거야. 카라투 칸의 딸을 데려오지 말거라."

아크 표스 쿠우르친이 다시 어머니에게 말했다.

"에르케 몬듀의 은회색 말이 앞발로 때리고 뒷발로 차서 곰들을 죽일 거예요. 아버지가 정해 준 카라투 칸의 딸을 아내로 삼지 않으면 안심이 안 될 거예요. 용사로 태어났으니 아버지가 정해 준 카라투 칸의 딸을 아내로 삼을 거예요."

그가 길을 떠날 준비를 끝내자 어머니가 말했다.

"일곱 개의 하늘 밑바닥이 타오르고 있을 거야. 거기 한 대문 앞에 사람을 잡아먹는 머리가 일흔일곱 개 달린 괴물 류도에드가 살고 있어. 아들아, 너는 길을 잃게 될 거고 그 머리가 일흔일곱 개 달린 괴물이 너를 잡아먹을 거야. 카라투 칸의 딸을 데려오지 말거라."

아들이 어머니에게 대답했다.

"아버지가 정해 준 카라투 칸의 딸을 아내로 맞이할 거예요. 그래야 안심할 수 있어요. 떠나겠어요."

에르케 몬듀가 그를 기다리고 있었다. 그는 아크 표스 쿠우르친이 떠날 때 구름이 없을 거라고 말했다.

3년이 흘렀다. 구름은 나타나지 않았다. 아크 표스 쿠우르친은 에르케 아저씨에게 도착했다. 아저씨와 아크 표스 쿠우르친은 손을 잡고 안부를 묻고 담소를 나누었다. 아저씨가 물었다.

"왜 이렇게 늦었니?"

아크 표스의 말이 앞발과 뒷발로 늑대를 때리고 차서 협곡에서 늑대는 죽었다. 에르케 몬듀의 말이 앞발과 뒷발로 곰 예순 마리를 죽였다. 그들은 이야기도 하고 노래를 부르며 출발했다. 그들은 머리가 일흔일곱 개 달린 괴물 류도예드가 있는 곳에 도착했다. 그들은 서로 술을 권했다. 괴물은 카라투 칸의 딸에게 서둘러 가기 위해 술 일흔일곱 통을 다 마셨다. 그러나 아크 표스와 에르케 몬듀가 먼저 카라투 칸의 집 문 앞에 도착했다. 두 사람은 카라투 칸의 딸을 보고 같이 가자고 말했다. 칸의 딸은 금 단추를 잡고 아이 칸에게 물었다.

"가도 돼요?"

아이 칸은 아무 말도 하지 않았다.

칸의 딸은 은 단추를 잡고 큔 칸에게 물었다.

"가도 돼요?"

큔 칸이 대답했다.

"사흘이 지났으니 가도 돼. 가도 돼."

아크 칸의 아들 아크 표스 쿠우르친은 약혼녀를 데리고 나왔다. 약혼녀의 아버지 카라투 칸은 7년이나 잠들어 있었다. 일곱 개의 종을 든 병사 일곱 명이 카라투 칸을 종으로 때렸다. 칸은 천천히 깨어났다. 종 다섯 개가 깨졌다. 마침내 칸이 깨어나서 말했다.

"아! 무슨 일이냐?"

"공주님을 아크 표스 쿠우르친이 자기 나라로 데려갔습니다."

카라투 칸은 신발도 신지 않고 외투도 걸치지 않은 채 안장도 채우지 않고 말을 타고 딸을 찾으러 떠났다. 아라크를 다 마신 머리가 일흔일곱 개 달린 류도예드가 아크 표스 쿠우르친에게 문을 열어 주었다. 그는 약혼녀를 데리고 달아났다. 카라투 칸이 류도예드에게 와서 그 사실을 알고 그를 채찍으로 때렸다.

"내 딸은 어디에 있느냐?"

류도예드는 술에 취해서 대답했다.

"당신은 아크 칸 집에서 술을 마시고 수달 모피를 선물로 받았잖아. 아크 표스 쿠우르친과 그의 삼촌 에르케 몬듀가 당신 딸을 데려갔어."

카라투 칸은 류도예드를 채찍으로 때렸다. 류도예드는 화가 났다. 그의 일곱 개의 머리가 말했다.

"카라투 칸을 죽이겠어."

일흔 개의 머리가 말했다.

"아냐, 죽이지 않을 거야."

카라투 칸이 소리치기 시작했다.

"그래, 내 딸을 가게 내버려 둘 거야. 나는 가지 않겠다."

류도예드는 카라투 칸을 잡아먹어야겠다고 생각했다.

일곱 개의 머리가 말했다.

"잡아먹을 거야."

일흔 개의 머리가 말했다.

"잡아먹지 않을 거야."

카라투 칸은 화가 나서 소리치기 시작했다.

"그래, 나는 가지 않겠다."

카라투 칸은 장화도 신지 않고 맨발로 옷도 입지 않은 채로 다시 돌아왔다.

아크 표스 쿠우르친은 약혼녀를 데리고 자기 집으로 왔다. 그의 어머니는 성대한 결혼식을 준비했다. 결혼식은 9년 동안 계속됐다. 고기는 산처럼 쌓여 있었고 술은 독했다. 두 사람은 결혼해서 잘살았다.

오스큐스 우울

옛날에 고아 청년 오스큐스 우울이 살았다. 그는 적갈색의 말 여섯 마리를 가지고 있었다. 그는 가축이 없었고 가난해서 부자네 집에서 일을 했다. 그래도 그에게는 남는 게 아무것도 없었다. 그는 자립하기 위해서는 경작할 땅이 있어야 한다는 생각이 들었다. 당시 영주가 카라티 칸이었다. 칸에게는 아들이 여섯 있었다. 오스큐스 우울은 칸에게로 갔다. 칸은 그를 한참 바라보더니 가혹한 세금을 부과했다. 칸이 말했다.

"네 말과 아내를 내놓아라. 내 여섯 아들에게도 아내가 없다."

오스큐스 우울은 울음을 터뜨렸다. 그는 아내에게 와서 말했다.

"여섯 아들을 둔 카라티 칸이 당신을 데려가려 하고 나를 종으로 부리려고 하니 어떻게 하지?"

그러자 여우라는 뜻의 리시치카라는 이름을 가진 아내가 말했다.

"칸에게 가서 문제 네 개를 내면 그것을 해결하겠다고 담판을 지으세요."

오스큐스 우울은 칸에게 가서 문제 네 개를 알아맞히겠다고 큰소리를 쳤다. 오스큐스 우울이 칸에게 물었다.

"어떤 문제입니까?"

"산에 곰이 살고 있다. 곰의 나이가 몇 살인지 정확히 말해라. 정확한 나이를 말하면 네 아내를 데려오지 않겠다."

오스큐스가 아내에게 돌아와서 말했다.

"칸이 곰의 나이를 알아 오라고 했어."

아내는 인형 예순 개를 만들어서 체에 앉혔다. 그런 다음 남편에게 건넸다. 오스큐스는 인형을 곰이 사는 굴에 가져다 놓았다. 그는 굴에 앉아서 곰이 오기를 기다렸다. 마침내 곰이 와서 인형을 보고 말했다.

"내 나이가 벌써 예순둘이지만 이런 사람들은 처음 봐."

그렇게 말하고 곰은 가 버렸다. 오스큐스 우울이 칸에게 가서 말했다.

"곰의 나이는 예순둘입니다."

"그래, 맞아. 네 아내를 데려오지 않겠다."

그러자 카라티 칸의 아들 카라 묘쿄가 거들었다.

"안 돼. 문제가 아직 남았어. 두 번째 문제를 풀어야 해. 새 문제를 내겠다. 네가 집에 가면 우리가 너를 찾을 거야. 만일 너를 찾지 못하면 네 아내를 데려오지 않을 것이고, 만일 너를 찾으면 네 아내를 데려올 거야."

오스큐스 우울은 그렇게 하겠다고 말했다. 오스큐스 우울은 집으로 돌아와서 아내에게 말했다.

"카라티 칸이 나를 찾으려 집으로 올 거야. 숨어야 하는데 어디에 숨어야 하지?"

"제 품속으로 오세요. 제가 빗으로 머리를 빗고 있을게요."

그는 아내 품속으로 가서 앉았다. 카라티 칸이 세 아들과 함께 그의 집으로 왔다. 그들은 집을 샅샅이 뒤졌다. 아내는 빗을 집어 문을 향해 던졌다. 오스큐스 우울이 빗으로 변해 거기 놓여 있었다. 칸과 아들들은 오스큐스 우울을 도저히 찾을 수 없었다.

한참 후 오스큐스 우울이 칸에게 말했다.

"저 여기 있어요."

그러자 칸이 말했다.

"너는 두 문제를 풀었다."

오스큐스 우울이 나가려고 하자 칸이 말했다.

"아직 문제가 남았어. 남은 문제를 해결해. 산에 있는 나무가 몇 그루인지 세어 보고 그 수를 알아 와."

오스큐스 우울은 산에 가서 세어 보겠다고 말하고 집으로 돌아와서 아내에게 울며 말했다.

"어떻게 그 많은 나무를 센단 말이야?"

"따뜻한 털옷을 입으세요."

아내는 소금을 넣은 밀가루 그릇을 남편에게 건넸다.

"이걸 산에 가져가서 나무들과 토끼 덫에 발라 놓고 앉아서 기다리세요. 그러면 무슨 소리를 듣게 될 거예요."

오스큐스 우울은 산으로 가서 토끼 덫을 발견했다. 그는 토끼 덫과 나무에 아내가 준 것을 바르고 앉았다. 토끼가 와서 먹기 시작했다. 토끼가 말했다.

"산등성이에 예순 그루, 산속에 여든 그루, 분지에 서른 그루가 있는데 이런 맛있는 나무는 처음이야."

그렇게 말하고 토끼는 가 버렸다. 오스큐스 우울은 칸에게 와서 말했다.

"산등성이에 예순 그루, 산속에 여든 그루, 꼭 기억하세요, 여든 그루. 분지에 서른 그루가 있어요."

카라티 칸이 말했다.

"맞았다."

오스큐스 우울은 집으로 돌아갔다. 다음 날 아침이 되자 칸이 말했다.

"문제를 또 맞혀."

"알겠습니다."

"내 아들을 찾아라. 아들이 숨을 거다."

오스큐스 우울은 칸의 아들을 찾으러 갔다. 불 앞에 자작나무 세 그루가 서 있었다. 오스큐스는 자작나무 가지를 칼로 잘랐다.

"아야, 안 돼. 내 배야. 내 가슴이야. 자르지 마. 네 아내를 데려오지 않을게."

세 가지 문제를 다 풀고 나자 카라티 칸이 말했다.

"네 번째 문제다. 지하 세계의 신 에를리크에게 준 흑색 말 두 필을 끌고 오너라."

오스큐스 우울은 알겠다고 말하고 집으로 돌아와서 울먹였다. 아내는 남편에게 출발하라고 말하고 빨간 실과 흰 수건을 주고 갈색 말에 안장을 얹었다. 오스큐스 우울은 말을 타고 떠났다. 에를리크가 있는 곳에 당도했다. 에를리크가 말했다.

"여기에는 무슨 일로 왔느냐?"

"카라티 칸이 보냈습니다. 당신에게 있는 흑색 말 두 필을 가져오라고 저를 보냈습니다."

에를리크가 말을 내주었다. 오스큐스 우울은 카라티 칸에게 왔다. 그가 말을 가져온 것을 보고 칸은 울음을 터뜨렸다.

"말을 다시 가져다주거라. 네 말도 네 아내도 다 필요 없다."

오스큐스 우울은 말을 칸의 집 마당에 풀어 놓고 집으로 돌아왔다. 아내는 보이지 않았다. 머리가 일곱 개 달린 류도예드가 침입해서 아내를 데려가 버렸다. 엿새가 지났다. 이레째 되는 날 홍수가 시작되어 모든 것을 휩쓸어 버렸다. 홍수는 카라티 칸의 영지까지 침범했다. 칸은 어디론가 휩쓸려 가 버렸다. 에를리크가 모든 것을 다 가져갔다.

오스큐스 우울은 주위를 살펴보기 위해 말을 타고 갔다. 조랑말 떼가 남아 있었고 그 말떼를 쿄툐 뉴네크가 치고 있었다. 말은 아주 많았다. 부자의 가축은 가난한 사람들에게로 넘어갔다. 가난한 사람들은 가축을 나누어 가졌다.

"그래, 죽든 살든 나는 싸울 거야."

오스큐스 우울은 그렇게 말한 후 싸우러 갔다. 그는 머리가 일곱 개 달린 류도예드를 죽였다. 그리고 아름다운 아내를 찾았다. 류도예드의 가축 칠백 마리를 가난한 사람들에게 주었다. 그는 예전보다 열 배는 더 잘살게 되었다. 가난한 사람들도 부자의 가축을 가져가서 부유해졌고 역시 잘살게 되었다.

꾀 많은 여우

어느 날 작은 여우가 먹이를 찾고 있었다. 하루 종일 먹이를 찾아다녔지만 아무것도 없었다. 그때 바위에서 곰이 잠을 자고 있었다. 여우는 곰에게 가까이 다가갔다. 곰의 털은 검었고 아마도 추위에 언 것 같았다. 여우가 소리를 질렀다.

"왜 불을 피워 따뜻하게 있지 않는 거니?"

"누가 내게 불을 피워 주겠어?"

잠에서 깬 곰이 그렇게 말했다.

"좋아, 내가 피워 줄게."

"아, 어디서 저런 착한 게 나타났담."

여우가 마른 나뭇가지를 가져와서 곰 옆에서 모닥불을 피웠다. 그리고 모닥불 곁에 누워서 입김을 불었다. 곰의 등이 따뜻하게 데워지자 여우가 소리쳤다.

"아이고, 네 황금빛 털이 타고 있어. 좀 떨어져."

곰이 방향을 바꾸어 누우려고 하는 순간 바위에서 아래로 굴러떨어졌다. 여우는 진귀한 먹이를 얻게 되어 기뻐하며 아래로 내려가서 기름진 곰의 비계와 고기를 원하는 대로 골라 마음껏 먹었다.

여우가 걸어가다가 새끼 늑대를 만났다. 여우가 물었다.

"너희 엄마는 어디 갔니?"

"사냥을 하러 갔는데 왜 물으세요?"

"너희 엄마를 놀려 주고 싶어서."

여우는 그렇게 말한 후 계속 걸어갔다. 엄마 늑대가 집에 와서 새끼 늑대들에게 물었다.

"누가 여기 왔다 갔니?"

"엄마를 놀려 주려고 여우가 왔는데 엄마가 없으니까 가 버렸어요."

"아이, 망할 놈의 여우. 따라가서 잡아야지. 가만두지 않을 거야."

늑대는 그렇게 말한 후 여우를 잡으러 쫓아갔다. 늑대를 본 여우는 버드나무 가지 사이로 뛰어 들어갔다. 늑대는 여우를 잡으려고 껑충 뛰어오르다가 그만 가지 사이에 갇혀 꼼짝 못 하게 되었다. 나올 수도 없고 달아날 수도 없게 되었다. 여우는 깔깔거리며 늑대의 뒤로 가서 꼬집고 놀리기 시작했다.

여우는 다시 계속해서 걸었다. 늑대 아홉 마리를 만났다. 늑대들은 여우를 잡아먹으려고 덤벼들었다. 그때 여우는 조금 전에 먹었던 곰의 비계를 뱉어냈다. 늑대들이 놀라서 물었다.

"이게 어디서 났니?"

"전혀 어렵지 않아요. 빙판으로 가세요. 거기에 물이 고여 있는 웅덩이가 있어요. 거기에 꼬리를 담그고 앉아 있으면 하늘에서 기름지고 촉촉한 갈비가 떨어질 거예요. 당신들 앞에 여러 가지 음식들이 떨어질 거예요."

그 말을 들은 늑대들은 밤에 마을로 갔다. 꼬리를 웅덩이에 담그고 하늘을 올려다보며 기다렸다. 그렇게 밤새 앉아 있었지만 아무것도 떨어지지 않았다. 그제야 여우에게 속은 것을 알게 되었다. 늑대들은 여우를 쫓아가서 잡고 싶었다. 그러나 이미 때는 늦었다. 꼬리가 물속에서 얼어 떨어지지 않았다.

늑대들이 그러고 있을 때 여우는 계속해서 걸어갔다. 한 노인을 만났다. 노인은 눈물을 흘리고 있었다. 여우가 물었다.

"왜 울고 계세요?"

"어떻게 울지 않을 수가 있겠니? 아홉 마리 늑대가 내 하나밖에 없는 소와 말을 죽였는데."

"그러면 같이 가세요. 제가 늑대들이 있는 곳을 알려 드릴게요. 그 늑대들을 죽이세요."

"오, 하느님! 늑대들이 있는 곳을 아는 여우를 만나게 해줘서 감사합니다. 좋아. 네가 그들이 있는 곳을 알면 데려다

줘!"

"데려다주는 것은 어렵지 않아요. 가요. 우리가 다가가면 그들은 죽은 듯 누워 있을 거예요. 그때 그들의 목을 베세요."

여우는 노인을 데리고 강으로 갔다. 늑대들은 여우와 노인을 보고 죽은 척했다. 노인은 늑대들에게 다가가서 도끼로 늑대들의 목을 하나씩 쳤다. 노인은 이제야 복수를 했다고 기뻐했다. 노인은 아홉 마리의 가죽을 벗기고 고기는 여우와 나누어 먹었다. 노인은 늑대의 가죽으로 외투를 만들었다. 노인이 여우에게 물었다.

"나를 도와준 대가로 무엇을 원하니?"

"주시는 대로 받을게요."

"무엇을 줘야 할지 모르겠구나. 줄 게 아무것도 없으니. 참, 내게 딸이 있는데 내 딸을 아내로 삼겠니?"

"그렇게 할게요."

노인이 큰딸에게 물었다.

"여우에게 시집갈래?"

"여우에게 시집을 가느니 차라리 혼자 살겠어요."

노인은 작은딸에게 물었다. 작은딸이 말했다.

"어쩌겠어요. 여우에게 시집갈게요. 아버지의 말을 듣지 않으면 누구의 말을 듣겠어요."

그렇게 해서 여우는 노인의 딸을 아내로 맞이했다.

해 설

북알타이인에 대해

북알타이인은 알타이공화국 북쪽에 거주하는 첼칸인, 쿠만딘인, 투발라르인을 말한다. 튀르크어계 북알타이 분파에 속하는 언어를 사용한다. 이 민족들은 1990년대 초까지는 알타이어를 사용하는 하나의 민족인 알타이인으로 알려졌으나, 2000년대에 비로소 고유 언어와 문화를 지닌 독립된 민족으로 인정되어, 러시아 정부가 지정한 '시베리아 소수 원주민 목록'에 포함되어 전통 문화 보존의 가치를 인정받고 있다.

첼칸인은 알타이공화국 북쪽 레베드강 유역의 투로차크 지역 등에 1200명 정도가 거주하는 것으로 알려져 있다. 주로 러시아어와 알타이어를 사용하고 300명 정도가 첼칸어를 구사할 수 있다. 전통적으로 화전 경작, 사냥, 낚시, 말 사육을 생업으로 삼았고, 토굴과 나무껍질로 지붕을 덮은 이동천막에서 생활했다.

쿠만딘인은 알타이 변강주 동쪽의 비야 지역과 크라스노

고르 지역, 알타이공화국 북쪽의 투로차크 지역 등에 2900명 정도가 거주하는 것으로 알려져 있고, 730명 정도가 쿠만딘어를 구사할 수 있다. 화전 경작, 채집, 말 사육을 하며 생활했고, 겨울에는 사냥을 하며 생활했다. 19세기부터 러시아인의 영향으로 경작을 하게 되었다. 전통 가옥은 토굴과 통나무로 지은 집이다.

투발라르인은 알타이공화국 북쪽의 추야 지역과 투로차크 지역에 2000명 정도가 거주하는 것으로 알려져 있다. 러시아어와 알타이어를 주로 사용하고 200명 정도가 투발라르어를 구사할 수 있다. 사냥을 생업으로, 토굴과 나무껍질로 덮은 초막에서 생활했다.

북알타이인의 전통신앙

천상과 지상, 지하세계가 있고 각각의 세계를 관장하는 신이 있어, 천상에는 세상을 창조한 선한 신 울겐, 지하에는 저승세계를 관장하는 악한 신 에를리크가 있고 지상세계에 여러 착한 정령들과 악한 정령들이 있다고 믿었다. 특히 물, 불, 산, 태양, 숲 등의 자연을 신성시했다. 물의 주인신인 수흐 에지, 사냥꾼들의 수호신인 알타이 에지, 산의 정령인 다

흐 에지를 숭배했다.

특히 물의 정령을 중요시했고 산 속에 있는 샘물을 사람을 죽지 않게 하는 효험을 지닌 생명수로 여겼다. 사람의 발길이 닿지 않는 깊은 산속에 있는 호수와 마을을 지켜 주는 산과 나무를 신성시해서 산의 이름을 입 밖에 내는 것을 금기시했다. 집과 가정을 지키는 여자 수호신과 사냥꾼의 수호신을 모셨다.

북알타이인에게 샤먼은 중요한 역할을 했다. 샤먼은 저승세계를 드나들 수 있는 초자연적 존재로서, 병든 사람으로부터 악귀를 몰아내고 병을 낫게 할 수 있는 힘을 지녔다고 믿어졌다.

북알타이 설화 해설

이 책에는 14편의 첼칸 설화, 16편의 쿠만딘 설화, 8편의 투발라르 설화가 소개되고 있다.

14편의 첼칸 설화는 대부분 일상담과 소담이다. 욕심 많은 형, 착한 동생, 바보 막내, 꾀 많은 주인공, 주인공을 도와주는 노인과 동물이 등장해 인생의 예측 불가능성과 삶의 가치, 욕심을 부리지 않고 착하게 살면 결국 복을 받는다는 희망의 메시지를 전한다.

<황금 도끼>는 금도끼와 은도끼가 자신의 것이 아니라고 정직하게 말한 동생이 복을 받고, 거짓말을 한 형은 결국 아무것도 얻지 못한다는 교훈적인 이야기로, 우리나라에도 유사한 이야기가 전해지고 있다. <탁 툭 지팡이>는 거위를 훔치러 온 도둑을 살려 준 대가로 신비한 지팡이를 얻게 된 할아버지가 지팡이를 소중히 다뤄 할머니와 부자로 행복하게 살게 되었다는 이야기로, 사소한 물건이라도 소중히 다루어야 한다는 메시지를 전한다. 막내 동생의 바보스러움 때문에 횡재를 하게 된다는 <바보 청년>에서는 첼칸인의 해학과 유머를 느낄 수 있다. <황금 등자>에서는 자신의 신세를 비관해서 죽으려던 고아 청년에게 노인이 나타나 청년의 운명을 말해 주고 부자가 될 거라고 예언한다. 결국 청년은 노인이 맡긴 황금 등자로 상인들을 골탕 먹이고 부자가 된다. 현재 상황이 비참하더라도 기회는 언제든 올 수 있으니 희망을 잃지 말고 기회를 슬기롭게 이용할 수 있어야 한다고 이야기한다. <고아 청년과 다람쥐>, <고양이>, <할아버지와 부자>에서는 다람쥐, 고양이, 백학이 등장해 주인공을 부자로 만들어 주고 아름다운 여자와 결혼할 수 있게 도와주지만 과도한 욕심을 부리면 모든 것이 허사라는 점을 강조한다.

마법담 <세 아들>, <황금 수탉>은 인간으로 변신한 새, 셋째의 승리라는 모티브를 지니는 이야기이고, <델베겐이 하늘로 올라간 이야기>는 달과 관련된 전설이다. 첼칸인은 자주 접하는 동물의 모습과 특징의 유래에 관해 재미있는 상상력을 펼친다. 토끼와 담비가 둘 다 하얘서 눈 속에서 서로를 알아보지 못해 부딪히고 자주 싸우자, 곰이 담비의 꼬리와 토끼의 귀를 검게 칠해 주어 서로를 알아보게 해 주었고(<토끼와 담비>), 날다람쥐가 자신의 목소리를 나쁘게 만들어 주었다고 신에게 불평을 늘어놓고 신의 딸을 병에 걸리게 하자, 신이 목소리를 없애서 날다람쥐가 울지 못하게 되었다고 생각했다(<날다람쥐>).

산신의 딸과 사냥꾼에 얽힌 전설, 강의 유래에 관한 전설, 일상담, 소담, 마법담으로 구성된 16편의 쿠만딘 설화를 통해서는 고대 쿠만딘인의 척박한 삶과 생태주의적 자연관을 알 수 있다.

4편으로 이루어진 <사냥꾼의 전설>에서는 사냥꾼의 고독한 삶과 공포, 인간적 욕망이 전해진다. 악마가 인간을 지키던 개에게 털을 준다고 유혹하고 인간에게 침을 뱉어 놓아서 인간이 폐결핵에 걸리게 되고, 그 벌로 신이 개에게 불결한 털을 갖게 했다는 내용의 <개와 고양이>는 고대 쿠만딘인의 신화관을 보여 주는 설화다.

쿠만딘 민담의 주제와 서사 구조는 다른 민족의 민담과 유사한 동시에 고유성을 보인다. 용사가 적을 물리치고 부모와 가축들을 찾아 고향 땅에서 행복하게 살았다는 <킬리시 칸>, 아크 칸의 딸 아이 코크가 자신의 아기를 지하세계의 신으로부터 지키려는 과정을 그린 <처녀 아이 코크>가 대표적 영웅담에 속한다. 괴물 델베겐과 인간의 싸움에 관한 마법담 <델베겐>과 <마시파라크>에서 쿠만딘인은 괴물과 인간의 치열한 싸움보다는 괴물의 우스꽝스럽고 우둔함을 강조한다.

<퉁구스>, <엄마와 딸>, <부자가 된 쿠지마>, <바보 이반>, <카라 몬기스>에서는 쿠만딘인의 행복에 관한 염원과 희망을 엿볼 수 있다. 세 형제의 막내가 길을 잃어 형제들과 헤어지지만 피리 연주를 잘해 모든 짐승이 그의 음악을 들으러 왔고 결국 형제와 상봉하고 결혼해서 행복하게 살았다는 내용의 <퉁구스>, 딸이 우연히 만난 사람에게 자신이 딴 열매를 주고, 주문을 외우면 저절로 끓어 죽을 만드는 냄비를 받아 온다는 내용의 <엄마와 딸>, 가난한 쿠지마가 덫에 걸린 여우를 살려 주고 매일 여우에게 기름진 닭을 먹이자 여우가 은혜를 갚기 위해 꾀를 부려 쿠지마를 부자로 만들어 준다는 <부자가 된 쿠지마>, 두 형 대신 아버지의 병상을 지킨 막내가 아버지에게 받은 훌륭한 말의

도움으로 공주와 결혼한다는 내용의 <바보 이반>, 자신을 시기해서 죽이려는 동료 일꾼들의 음모에 지혜롭게 대처하고 더 부자가 된다는 <카라 몬기스>는 위험에 처해도 슬기롭게 대처한다면 행복해질 수 있고, 자만하지 말고 항상 동정심과 연민을 지니고 부모에게 효도하면 보답을 받는다는 익숙한 주제의 이야기로, 인생의 가치와 삶의 중요성과 교훈을 얻게 해 준다.

투발라르 설화는 8편 수록되어 있다. 곤경을 극복하고 아버지가 정해 준 약혼녀를 데려온다는 영웅담 <아크 표스쿠우르친>, 사악한 칸이 과제를 수행하지 못하면 죽일 거라고 말하자 칸의 옷을 입고 병사를 속여 칸의 말을 훔쳐 달아난다는 내용의 <카라티 칸>, 음모를 꾸민 두 형을 벌주는 막내의 이야기 <세 형제>, 곰이 나타나 고아 소년을 잡아먹겠다고 하자 여우가 고아 소년을 도와 곰을 없애 주는 이야기 <오스큐스 오올로크>, 아내와 말을 뺏으려는 사악한 칸의 계략을 물리치고 괴물에게 잡혀간 아내를 찾아 행복하게 산다는 내용의 <오스큐스 우울>을 통해 우리는 적과 곤경에 대처하는 투발라르인의 강인함과 용기, 지배 계급의 횡포를 슬기롭게 모면하는 지혜, 동물에 대한 깊은 애정을 엿볼 수 있다.

꾀 많은 여우가 노인을 도와 늑대를 잡을 수 있게 해 주자 노인이 그 보답으로 자신의 딸을 여우와 혼인시켰다는 내용의 <꾀 많은 여우>에서는 동물과 인간의 혼인이라는 신화적 소재의 이야기다.

<알틴 콜과 알틴 투우>는 알타이에 기근이 닥치자 통치자가 황금을 싣고 이민족이 사는 초원으로 가서 곡식과 바꾸려고 했지만, 불가능하다는 것을 알고 절망감에 황금을 가지고 호수에 뛰어들어서 호수의 이름이 황금 호수로 불리게 되었다는 슬픈 전설이다.

옮긴이에 대해

이경희는 한국외국어대학교 노어과를 졸업하고, 러시아 과학아카데미 비노그라도프대학원에서 의미통사론에 관한 논문으로 박사 학위를 받았다. 현재 한국외국어대학교에서 강의하고 있으며, 논문으로는 <어휘-통사 층위에 나타나는 언어문화적 변이>, <담화연결어의 의미와 기능>, <언어적 세계상에서의 놀이와 도박> 등이 있으며, 저 · 역서로는 ≪도박하는 인간≫(공저), ≪러시아 추리작가 10인 단편선≫(공역), ≪셀쿠프인 이야기≫, ≪토팔라르인 이야기≫, ≪시베리아 타타르인 이야기≫, ≪네기달인 이야기≫, ≪예벤인 이야기≫, ≪울치인 이야기≫ 등이 있다.

북알타이인 이야기

지은이 미상
옮긴이 이경희
펴낸이 박영률

초판 1쇄 펴낸날 2019년 8월 25일

지식을만드는지식
02880 서울시 성북구 성북로 5-11 (성북동1가 35-38)
전화 (02) 7474 001, 팩스 (02) 736 5047
출판등록 2007년 8월 17일 제313-2007-000166호
전자우편 zmanz@commbooks.com
홈페이지 www.commbooks.com

ZMANZ
5-11, Seongbuk-ro, Seongbuk-gu, Seoul, 02880, KOREA
phone 82 2 7474 001, fax 82 2 736 5047
e-mail zmanz@commbooks.com
homepage www.commbooks.com

ISBN 979-11-288-5017-2
979-11-288-5018-9(큰글씨책)
979-11-288-5019-6(PDF 전자책)
책값은 뒤표지에 있습니다.